Günther Rebel

Was wir ohne Worte sagen

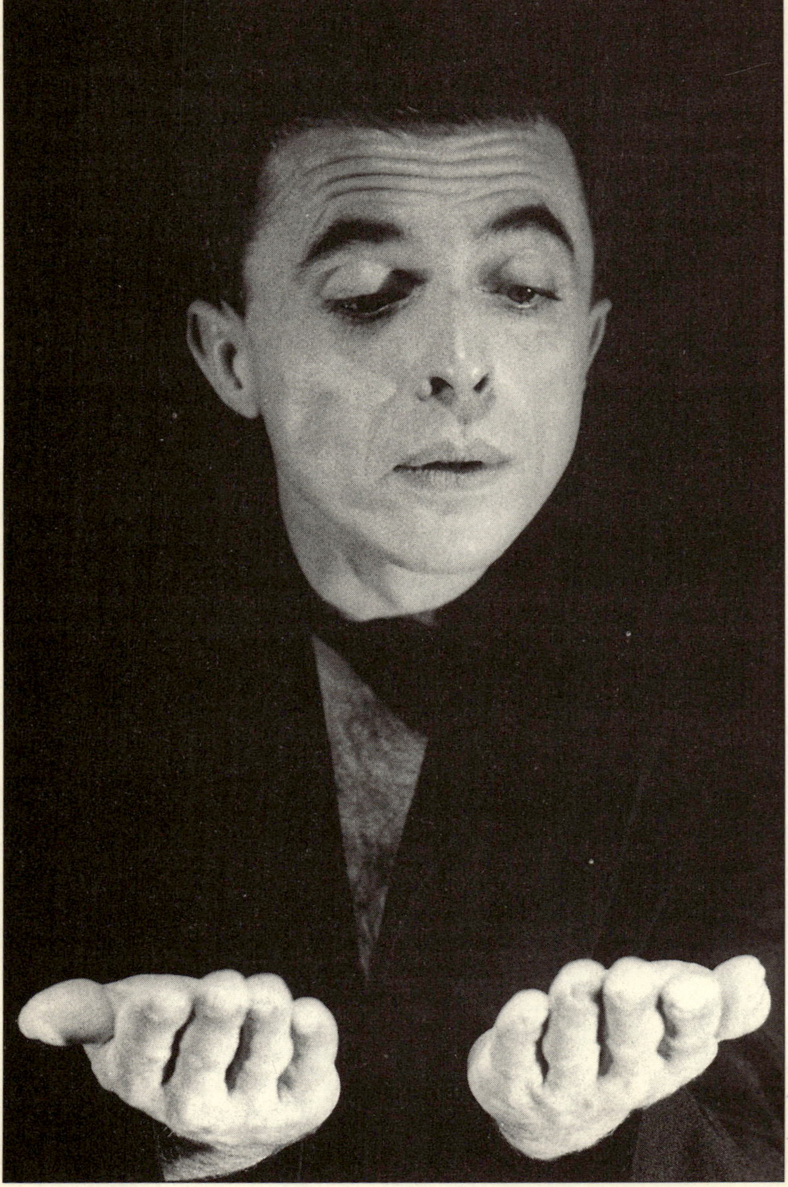

Günther Rebel

Was wir ohne Worte sagen

Die natürliche Körpersprache

Bechtermünz Verlag

Genehmigte Lizenzausgabe für
Weltbild Verlag GmbH, Augsburg 1998

Fotos
Alle Fotos von Michael Hörnschemeyer außer:
S. 15: dpa/Rüdiger Schrader
S. 16 oben: dpa/AFP
S. 16 unten: Horst Müller

Grafiken
S. 19, 20: Barbara von Damnitz
S. 17, 20, 112, 136: A. C. Loipersberger

Umschlagbilder: Premium, Düsseldorf (2), Comstock, Berlin (1)
Umschlaggestaltung: Atelier Bachmann, Reischach
Gesamtherstellung: Ebner Ulm
Printed in Germany
ISBN 3-86047-639-4

Inhalt

Einführung

Haben Sie in Ihrem täglichen Leben schon beobachtet, wie sich Menschen geben, wie sie miteinander sprechen, ihren Körper dabei halten und bewegen, was Mimik und Gestik ausdrücken und wohin die Augen des jeweiligen Gesprächspartners blicken? Ist Ihnen dabei aufgefallen, daß die Körpersprache häufig nicht mit der gesprochenen Sprache übereinstimmt?
Es kann auch geschehen, daß wir uns Konventionen unterwerfen oder uns »künstlich« verhalten. Wir ziehen uns besonders an, weil wir die Aufmerksamkeit auf uns lenken wollen und weil der andere erkennen soll, daß wir »wer sind« (Kleider machen Leute). Oder wir fallen aus der Rolle, denn über Geschmack läßt sich streiten, und jeder hat bekanntermaßen seinen persönlichen Stil. Zwar bemerkt man die schrägen Blicke, aber man riskiert schon mal ein Auge. Wenn alles schiefgeht, schlottern die Knie und man macht sich aus dem Staub. Wir sollen »Haltung bewahren«, cool und lässig wirken, lassen aber möglicherweise Kopf und Schultern hängen. Wir ziehen den Bauch ein, haben aber gleichzeitig unsere liebe Mühe, nicht steif zu wirken. Und wenn wir uns unbeobachtet fühlen, was tun wir dann mit unserem Körper? Achten Sie einmal darauf, was Sie selbst oder die anderen, ebenfalls vor der Rotampel wartenden Autofahrer alles tun.
So gehen wir häufig mehr unbewußt als bewußt durch den Alltag, kratzen uns schon mal verlegen am Kopf, streichen eine imaginäre Haarsträhne aus dem Gesicht, wissen nicht wohin mit unseren Händen – und bemerken es nicht. Wir sprechen miteinander über Gott und die Welt – und sagen dabei das meiste ohne Worte.
»Ein Mensch kann aufhören zu sprechen, er kann aber nicht aufhören, mit seinem Körper zu kommunizieren. Er muß damit entweder das Richtige oder das Falsche sagen; aber er kann nicht gar nichts sagen. Paradoxerweise besteht die Möglichkeit, so wenig wie möglich an Informationen über sich selbst zu geben – obwohl diese auch dann noch beträchtlich sind –, darin, dazuzupassen und zu agieren, wie man es von einem erwarten kann oder erwartet wird. (In der Tatsache, daß man Information über sich selbst auf diese Weise zurückhalten kann, liegt der Motor für die Pflege von Anstandsformen.)

Schließlich darf nicht vergessen werden, daß wahrscheinlich keiner in der Gesellschaft eine Position innehat, die ihm gestattet, die expressive Sprache in ihrem vollen Umfang zu gebrauchen oder auch nur einen erheblichen Teil von ihr, daß aber doch jeder einige Kenntnis desselben Vokabulars körperlicher Symbole besitzt. Und in der Tat sind die Kenntnis und das Verständnis einer gemeinsamen Körpersprache der Grund dafür, eine Ansammlung von Individuen als Gesellschaft zu bezeichnen.« (Erwin Goffmann in: »Verhalten in sozialen Situationen«, 1971.)

Selbst der gefühlsmäßige Abstand voneinander ist nach außen hin sichtbar; er drückt sich in Zentimetern auf dem Sofa aus, wenn zwei Menschen nebeneinandersitzen. Wird man sich dieser Verhaltensweisen bewußt, so kommt man sich manchmal näher. Zwar kann man sich etwas vorspielen, aber die Pupillen verraten, ob das Lächeln kalte Maske ist. Auch hängt das Wohl und Wehe der Menschheit davon ab, ob sich zum Beispiel Präsidenten »riechen« können. Gierig lauern Fotografen bei der Begegnung von Politikern aus unterschiedlichen Lagern auf den wichtigen Händedruck; dauert er länger als zehn Sekunden, können die Bürger friedlicher schlafen.

Ob wir unsere vielen Rollen im Laufe des Lebens gut oder schlecht spielen, hängt davon ab, wie gut wir unser Instrument, den Körper, kennen und beherrschen. »Wir *haben* nicht einen Körper – wir *sind* Körper«, schrieb Herbert Somplatzki in seinem Buch »Körpertraining und Bewegungsgestaltung im darstellenden Spiel« (1976). Jede Bewegung, die wir machen, ist und bleibt einmalig. Sie sagt aus, was wir mit unserer Sprache häufig nur umschreiben oder gar verschweigen. Der Körper lügt nicht, er ist der Spiegel unserer Seele.

»Man muß sich auch erinnern, daß diese Bewegung das erste und grundlegende ist, was aus einem Menschen als Ausdruck seines inneren Willens, seines Lebens, zutage tritt. Man muß sich ... immer wieder erinnern, daß alle Tongebungen, das Sprechen, Singen, Schreien der körperlichen Atmungsbewegung und der plastischen Einstellung der Hohlräume, durch die die eingeatmete Luft streift, ihren Ursprung verdanken ... Ton, Laut, Klang ist aus irgendeinem Zweckmäßigkeitsgrunde hörbar gemachte Bewegung ... Bleibt also der Grundsatz bestehen, daß die Bewegung das allererste und intensivste Mittel des Ausdrucks und des Willens ist, und daß wir sämtliche Erklärungen nur durch Bewegungsaufnahmen erwirken können. – Unsere Kinder beweisen uns das täglich.« (Rudolf v. Laban in: »Des Kindes Gymnastik und Tanz«, 1926.)

Kinder sind in ihrer Bewegung, in ihrer Körpersprache noch am wenigsten verfälscht. Sie sagen, was sie denken – verbal wie nonverbal. Auch verstehen Kinder die Körpersprache anderer sehr gut und sehr schnell. »Das Auffassen von nonverbalen Zeichen geht ›instinktiver‹ und unmittelbarer vor sich als das Verstehen des verbalen Inhalts. Die Kinderpsychologie hat nachgewiesen, daß das Kind noch vor dem Erlernen der Sprache den Gesichtsausdruck seiner Erzieher zu ›verstehen‹ weiß, wonach es sich zunächst richtet, um zu erfahren, was es tun darf und was nicht, oder ob das, was es tut, gut ist oder schlecht.« (ROGER MUCCHIELLI in: »Kommunikation und Kommunikationsnetze«, 1974.)

Körpersprache als Ausdruck und Kommunikation

Der Reichtum an technischen Kommunikationsmöglichkeiten einerseits fördert die Armut der menschlichen Bewegung und der direkten zwischenmenschlichen Kontakte andererseits. Dieser sehr speziellen persönlichen (Bewegungs-)Armut werden sich immer mehr Menschen bewußt. So entsteht zur Zeit ein neues »Körperbewußtsein«, das sich auf vielfältige Weise wie Sport, Tanz, richtige Ernährung etc. gegen Zivilisationskrankheiten wehrt, welche die Einheit von Körper, Seele und Geist negativ beeinflussen. Ist es nicht auffallend, daß parallel zur sprunghaften technischen Entwicklung gerade in dem Land, das auf dem Bereich der Computertechnik führend ist (und nachfolgend in anderen Industriestaaten), ein starkes Körperinteresse erwacht? Trotz aller Modeerscheinungen läßt dies vielleicht auf ein eventuell noch intaktes, biologisches Urgefühl hoffen.

Mit diesem Buch wird der Versuch unternommen, nicht Teilaspekte der menschlichen Bewegung – z. B. Tanz oder Gymnastik und ihre Wirkung – zu beschreiben, sondern Bewegung als Ganzes zu sehen, als Ausgangsmaterial menschlichen Verhaltens überhaupt. Die Vielschichtigkeit des zu behandelnden Materials wird durch Übungen aus allen Bereichen der Bewegungsgestaltung absichtlich ohne systematische Abgrenzung transparent gemacht, denn Bewegung erklärt sich am besten durch Bewegung.

Da sich manchmal die Abstraktheit des Wortes so weit vom konkreten Material entfernt hat, daß man leicht vergißt, daß auch die Theorie über menschliche Kommunikation ihren Ursprung in der Bewegung hat, werden im folgenden geistige und sinnliche Reize – Schriftbild und Foto – gleichgewichtig vertreten sein, um den phantasievollen Umgang mit nonverbalen und verbalen Materialien zu fördern. Das vorliegende Material basiert auf den Erfahrungen des Autors in den Bereichen Tanz, Pantomime und Ästhetik/Kommunikation im Sozialbereich. Deshalb ist der Text fachübergreifend für all diejenigen gedacht, die sich mit Körpersprache zur Selbsterfahrung beschäftigen oder auf diesem Gebiet lehren.

Es entstand kein »Handbuch zur Taxierung von Mitmenschen«, vielmehr ist das Ganze als Beitrag zur Bewußtmachung und Verständigung mittels nonverbaler Zeichen gedacht. Der Leser und Betrachter kann von diesem Buch keine Verhaltensrezepte erwarten; ein solches Nachschlagewerk könnte dazu führen, eventuell prekäre Situationen auszunutzen, und es würde auch bedeuten, daß der kreative Spielraum, die Individualität des einzelnen wieder zu stereotypem Agieren und Reagieren verkümmert. Eine einseitige Deutung von Gestik und Mimik wäre paradox. Jede Geste beinhaltet eine Fülle von unbewußten wie bewußten Informationen; innerhalb einer bestimmten, räumlich und zeitlich begrenzten sozialen Situation ist sie unmittelbarer, unwiederholbarer Ausdruck der Persönlichkeit. Wenngleich jede Geste so individuell und verschieden wie ein Fingerabdruck ist, so gibt es durch die anatomischen

Ähnlichkeiten auch Ausdrucksähnlichkeiten, ja ein Zeichen- und Signalrepertoire, das durch Bewußtmachung und Lernfähigkeit erweitert werden kann. Konkrete Ziele sind:

- **Bewegungsbewußtsein.** Dabei geht es um Materialanalyse wie z. B.: Was ist Körpersprache und welche nonverbalen Zeichen nehmen wir wie wahr?
- **Ausdruckserweiterung.** Gefühle drücken sich durch körperliche Bewegung aus, ebenso lassen sich Gefühle und Geist durch Bewegung beeinflussen. Wer kennt beispielsweise nicht die befreiende Wirkung des Stampfens, Springens oder eines ausgelassenen Tanzes? Einem Gefühlsstau können durch Körperaktionen seelische Schleusen geöffnet werden, bevor er sich aggressiv gegen andere oder autoaggressiv gegen die eigene Person richtet. Alle Ausdrucksfähigkeiten können trainiert werden, da sie anatomisch vorgegeben sind.
  Der Körper – Bewegung, Sinnestätigkeit, Unbewußtheit –
  die Seele – emotionale Grundstimmung –
  und der Geist – Aufmerksamkeit, Bewußtheit –
  werden selbstbewußt – Stabilisierung der Persönlichkeit –
  erlebt – primäre Erfahrung und Entwicklung –
  und der Zeichenvorrat der kinetischen Kommunikation und damit der Handlungsspielraum werden erweitert.
- **Körperbeherrschung.** Hier geht es um das situative, selektive und rezeptive Verstehen von Körpersprache und um die expressive Verständigung mittels Bewegung. Mit Hilfe persönlicher sozialer Fähigkeiten, wie Anpassung und Selbständigkeit, sollen körpersprachliche Regeln, ihre Bedeutung und Wirkung in bestimmten Situationen selbstkritisch und kritisch gedeutet werden, um jederzeit angemessen zu agieren.

Durch die Erweiterung unseres Bewegungsrepertoires erreichen wir einen natürlichen Machtzuwachs, mit dem wir andere beeinflussen und manipulieren können und der Machtmißbrauch nicht ausschließt. Gerade aber aus der körperlichen Eigenerfahrung heraus soll mit dem Selbstwertgefühl auch das Verantwortungsgefühl für andere wachsen. Aufgrund des gesteigerten Bewußtseins für Lebensqualitäten werden wir darüber hinaus in der Lage sein, dem Ferngesteuertwerden durch Informationstechniken der vermittelten Kommunikationssysteme wirksamer begegnen zu können.
Abschließend sei jedoch angemerkt, daß es die spontanen Handlungen sind, denen wir den größten Eindruck verdanken und woran wir am meisten erkennen können. Dabei lernen wir auch aus negativen Erlebnissen, sind hier doch Kommunikationsstörungen in Form von Irrtümern und Mißverständnissen herauszulesen. Selbst durch noch so großes körpersprachliches Bewußtsein und Wissen können wir den tiefenpsychologischen Bereich in uns nie ganz kontrollieren. Aus dieser Quelle, aber auch aus jenen, die eine erweiterte »bewußte« Körpersprache erschließen, erhält die Interaktion ihre Impulse und bleibt somit im wahrsten Sinne des Wortes *reizvoll.*

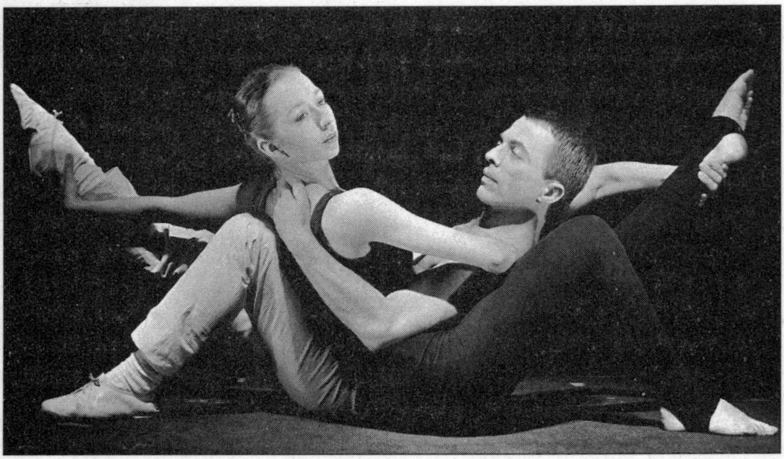

Harmonie in Bewegung und Ausdruck.

Körpersprache in Kunst – Politik – Sport

Menschen des öffentlichen Lebens – seien es Politiker oder Prominente aus der Welt des Adels, aus Kunst, Kultur oder dem Sport – werden meist wesentlich mehr beachtet und beobachtet als der Nachbar an der Ecke. Jede Prominentengeste, vielfältig publiziert, löst entsprechende Reaktionen aus. Ein wichtiger Grund also, daß jeder, der im Rampenlicht steht und eine größere Rolle auszufüllen hat oder spielen möchte, auch das Repertoire der Körpersprache trainiert und kontrolliert, um jenen Eindruck zu hinterlassen den man von ihm erwartet. Durch die häufigen Auftritte in der Öffentlichkeit entwickeln sich oftmals stereotype Verhaltensmuster, die bekannt und kopierbar werden und Imitatoren, Kabarettisten u. a. geradezu auf den Plan rufen *müssen*.
Um so erfreuter sind die Betrachter, wenn unvorhergesehene Ereignisse eintreten, bei denen auch mal ein »Großer« aus dem Rahmen fällt, spontan agiert und seine Gefühle nicht mehr kontrollieren kann. Erst dann ist der Ausdruck von Glück und Leid echt. Die Medien tragen solche seltenen Momente in den letzten Winkel, und es ist zu erkennen, daß diese sog. Halbgötter, Idole, Vorbilder Menschen wie du und ich sind.

Das ungewisse Etwas

Nach zehn Jahren wieder auf Deutschlandtournee: Das Frankfurter Konzert der englischen Sängerin Shirley Bassey
Ein donnernder Paukenwirbel, eine festliche Trompetenfanfare. Gleißende Scheinwerferkegel blitzen auf: Wie eine Fata Morgana aus Las Vegas erscheint Shirley Bassey auf der Bühne. Langsam schreitet sie zum Mikrofon. Ihr hautenges silber-rotes Pailletten-Kleid funkelt glitzernde Signale des Glamours. Über der Schulter bauscht sich eine wallende Federboa. Vom ersten Moment an scheint die dunkle Sirene des Entertainments mit den Tränen zu kämpfen. Tiefe Ergriffenheit verheißen die verzerrten Wangen. Ihr Mund zittert, während das Publikum tobt. Shirley Basseys Körper wird zur Statue,

die erst der Gesang wieder mit Bewegung durchpulst. »That's What I Am« entlädt sich mit martialischer Kraft. Immer lauter werden ihre Endlostöne, immer heller strahlt der polierte Orchesterglanz. Noch ein kurzes Innehalten vor dem ekstatischen Schluß, ein Aufsaugen letzter Kräfte, dann kommt sie, die Pose schlechthin, das Amen im Katechismus des Schaugeschäfts: Langsam hebt die Sängerin ihre sehnigen Arme zur Seite, streckt sie mit gespreizten Händen weit nach hinten und verharrt in dieser Haltung – kollektive Umarmung und Symbol schutzloser Ergebenheit zugleich –, um dann, sobald der letzte Ton verklungen ist, völlig ermattet in sich zusammenzusacken und zur fußtiefen Verbeugung vornüberzufallen.
Schnell ist ihr Bewegungsrepertoire durchschaubar: Immer wieder malt sie rhythmische Kreise in die Luft, rollt unschuldig die großen Augen, streichelt mit ihren Händen lasziv über Brust und Schenkel, schwingt verwegen die Hüfte, streckt dem Auditorium rhythmisch forsch den Po entgegen, schürzt lüstern die Lippen und windet kokett die Finger wie Zirkusartistinnen nach vollendeter Kür.
Shirley Basseys Gesten sind stets eindeutig, nie mißverständlich. Egal, ob sie erotisierend, wütend oder unschuldig wirken will, sie überzeichnet, um verstanden zu werden.

M.O.C. DÖPFNER
Frankfurter Allgemeine Zeitung 12. 10. 85

Wahlkampfbericht (Ausschnitt)

Helmut Kohl, 52, und Hans-Jochen Vogel, 57, halten seit Januar Wahlreden und schütteln Hände und wettern und werben und schimpfen und buhlen, und der eine will werden, was der andere ist und bleiben will: Kanzler.
»Hel-mut – Hel-mut« skandieren zwölftausend junge Leute. »Hel-mut – Helmut«. Der springt federnd aufs Podium, wirft das Jackett ab, hebt die Rechte und dann die Linke, legt den Kopf zur Seite, lächelt. Blumen segeln ihn an, weiße Nelken, »Hel-mut – Hel-mut«. Ordner ziehen Seile durch die Kölner Messehalle 8, werfen Autogramm-Karten mit des Kanzlers Konterfei schockweise in die johlende Menge, Hände recken sich, grapschen danach.
Der Kanzler schreitet durchs Geschrei zum Rednerpult, steht fast verlegen da, zieht die Hose weit über die Taille hoch, läßt los, und da rutscht sie wieder ab vom gewaltigen Körper. Er strahlt auf die Jugend hinab und spricht von »schicksalhafter« Zeit und der Partei, »die sich selbst in die Pflicht nimmt«. Der Kanzler erinnert an die Erbfeindschaft mit Frankreich, die zur Freundschaft geworden sei, »die Herzen der Völker müssen zueinanderkommen«, sagt er und weiß nicht mehr, wohin mit den Händen, also rein in die Hosentaschen und raus und weg mit ihnen in die Luft, da stören sie, also ab und das Pult wieder festgehalten.

»Solle mer det Seil wieder spanne, oder badet der in der Masse?« fragt ein aufgeregter Ordner einen Oberordner, als aus zwölftausend Kehlen die dritte Strophe des Deutschlandlieds erschallt. »Nit spanne, der badet.«
Die Masse wogt auf ihn zu, und der fröhliche Pfälzer steht da im dampfenden Saal und freut sich und reckt die Arme und schlürft die Rufe. Helmut Kohl lächelt. Die Macht, sie bekommt dem Manne glänzend.
Der Vogel sitzt gelassen da. Grauer Anzug, weißes Hemd, Hosenträger, dickes Schuhwerk, denn draußen schneit es. Er sitzt neben dem Psychoanalytiker Horst-Eberhard Richter, der in sein Gießener Institut geladen hat.
Da steht der Vogel auf. Er setzt sich wieder. Nicht in den bequemen Sessel, der ihm zugedacht. Er hat sich einen Stuhl geholt. Einen mit harter Lehne. Da sitzt er nun, der Spartaner, den Rücken rund, den Kopf erhoben, das Gesicht in Falten geschlagen, den Mund verquält, den Blick verkniffen, die weichen Hände auf den Knien. Der nächste, bitte!

BIRGIT LAHANN
stern 24. 2. 83

Wo Worte versagen

Glück: Der schönste Augenblick in der jungen Profi-Karriere. Der 17jährige Boris Becker nach seinem sensationellen Triumph in Wimbledon 1985.

Schrecken und Entsetzen: Die Katastrophe im Brüsseler Heysel-Stadion 1985 spiegelt sich in den Gesichtern der Zuschauer wider.

Sport: »Du schaffst es, Junge!« Aufmunternde, gleichzeitig aber auch belehrende Worte des Trainers an seinen Nachwuchsstürmer.

Was ist Körpersprache?

Alle motorischen, sensomotorischen und psychomotorischen Aktionen bezeichnet man als Körpersprache. Menschliche Körpersprache ist aufgrund der geistigen Dimension eine vielschichtige Ausdrucksform. Sie ist spontan und instinktiv, aber zugleich auch kalkulierte Mitteilung. Körpersprache ist Parasprache und begleitet jede verbale Äußerung. Sie kann die Information betonen, verändern oder ihre Bedeutung manchmal sogar aufheben, also zur Metakommunikation werden. Körpersprache kann von der Wortsprache unabhängig sein, wenn sie bewußt mit mimischen Gesten im Alltag oder im künstlerischen Bereich agiert; sie kann auch als Absichtshandlung oder mimische Gesten abstrahierende Bewegung fungieren wie im Tanz.

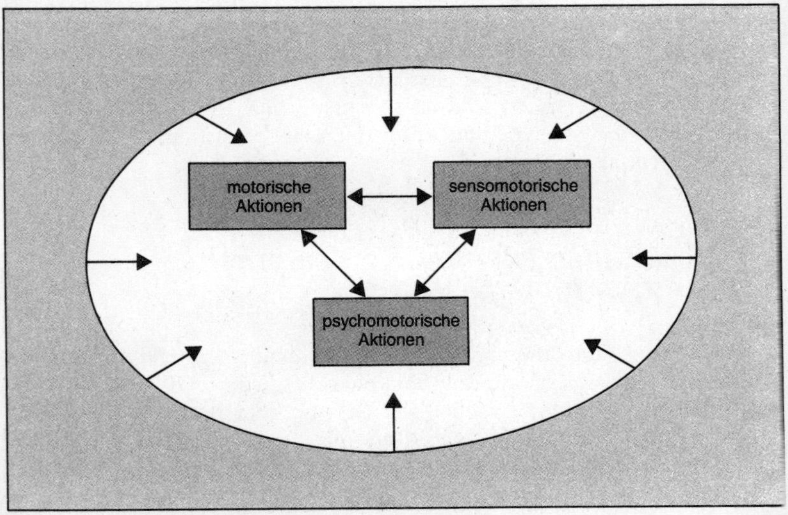

Die sich ergänzenden Aktionen der Körpersprache.

Im Alltag wird die mimische, schematische, technische, kodierte oder symbolische Geste manchmal als Sprachersatz mit verringerter Informationsqualität eingesetzt, so z. B. beim Grüßen, wo ein Fingerzeig einen Satz ersetzt, s. Seite 37–39, oder wo verbale Verständigung nicht möglich, gefragt oder erwünscht ist. In der Pantomime oder im Tanz dagegen wird die wortlose Äußerung nicht bedeutungsreduziert. Hier werden konkrete Zeichen abstrahiert und mit neuer Bedeutung versehen. Die künstlerisch gestaltete Bewegung entfernt sich von der Realität und schafft durch neue bestimmte Zusammenhänge eine veränderte neue Realität. So wird zum Beispiel in der täglichen Gestik der nach hinten gehaltene Daumen zum Wortersatz für eine Richtungsanzeige. Auf der Bühne hingegen bedeutet der nach unten gehaltene Daumen, seit den antiken Gladiatorenkämpfen, nicht eine Raumrichtung, sondern Verurteilung oder Tod.

Körpersprache ist reales und fiktives Informationsmaterial zugleich. Einerseits ist sie körperlich konkret, sie kann aber auch vom Körper losgelöst sein. Zum Beispiel entsteht in der Phantasie eines Betrachters von Fußspuren, Fingerabdrücken etc. ein fiktiver Körper, der durch gezielte Fahndung wiederum zur Realität werden kann.

Körpersprache beinhaltet immer gleichzeitig Bewegungsfunktion und -ausdruck. Das Ausmaß und die zeitliche sowie energetische Qualität einer Bewegung ist zwar objektiv meßbar, aber ihr Ausdruck bleibt subjektiv vieldeutig. So ist die Zeiteinteilung des Tages objektiv meßbar; die Minute hat 60 Sekunden. Diese Minute kann uns aber »weglaufen« bei einem Zuviel an äußerer oder innerer Bewegung, oder fast »stehenbleiben« bei zuwenig Bewegung. Ebenso ist es mit der Energieleistung, die wir einerseits als Muskelaktivität und Kalorienverbrauch messen können, die aber auch bei ruhiger Anwesenheit einer Person, geprägt von Gefühlswärme und Intelligenz, »ausstrahlt« und in Räumen, die uns zu groß oder zu klein »vorkommen«, »Stimmungsatmosphäre« für Sympathie und Antipathie schaffen, d. h. in der Kommunikation Form annimmt.

Die Grundelemente der Körpersprache: Raum, Zeit, Energie

Bewegungskommunikation findet zu einer bestimmten Zeit und nicht wiederholbar mit einem Energieaufwand im konkreten Raum statt. Die Distanzen, die wir jedoch gegenüber Personen und Gegenständen räumlich und gefühlsmäßig empfinden, haben oft etwas Imaginäres an sich. Ein Gespräch mit einem »nahestehenden« Menschen kann sehr »kurz« und sehr »spannend« sein, obwohl es vielleicht genauso lange dauert wie ein Arbeitsvorgang, der »kein Ende« nimmt.

Körpersprache ist Raumsprache

Nach den Beschreibungen von RUDOLF V. LABAN und EDWARD T. HALL kennen wir folgende räumliche Erlebnismöglichkeiten:

Im Körper

Empfindungen der Raumdimensionen in Form von:

- □ Ausdehnung und Zusammenziehen (Atmung),
- □ Bewegung – Gegenbewegung – Gleichgewicht,
- □ Balance (Muskelsinn und Lagesinn).

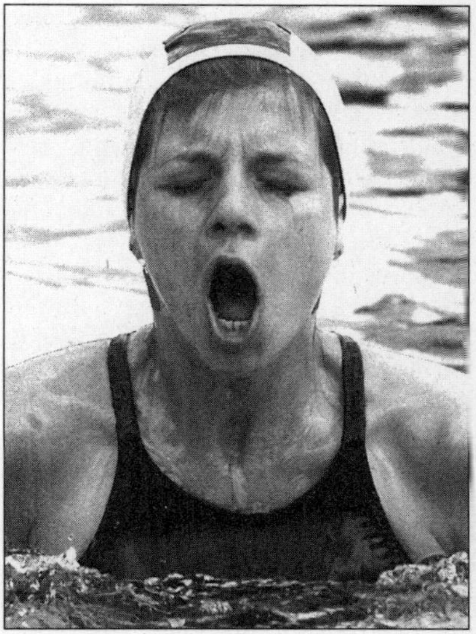

Am Körper

- □ *Richtungen:* Blickrichtungen; Bewegungsrichtungen ohne Ortsveränderungen; Bewegungsrichtungen mit Ortsveränderung in Geraden oder Kurven: vorwärts-rückwärts, hoch-tief, rechts-links, diagonal.
- □ *Ebenen:* Schwerpunktverlagerungen: mittel, hoch, tief;

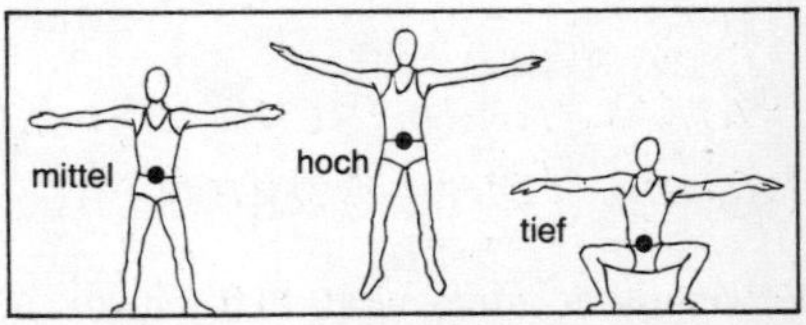

- Stirnebene (vertikal) = hoch-tief, rechts-links, diagonal;

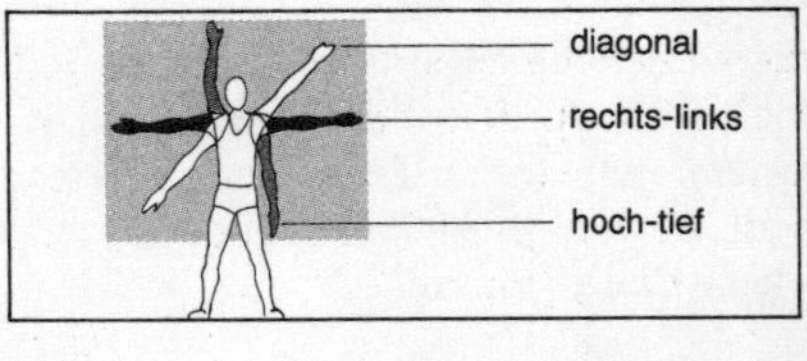

– Türebene (horizontal) = rechts-links, vorwärts-rückwärts, diagonal;

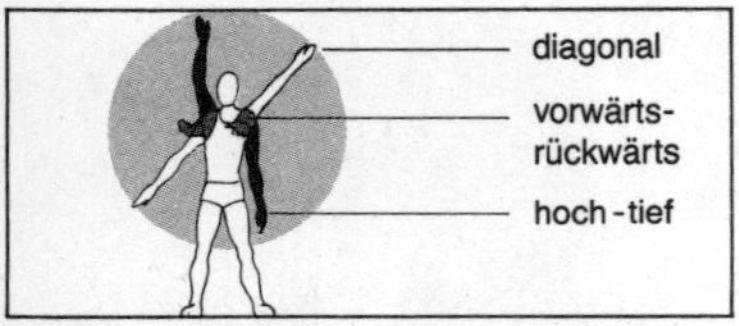

– Radebene (sagittal) = hoch-tief, vorwärts-rückwärts, diagonal.

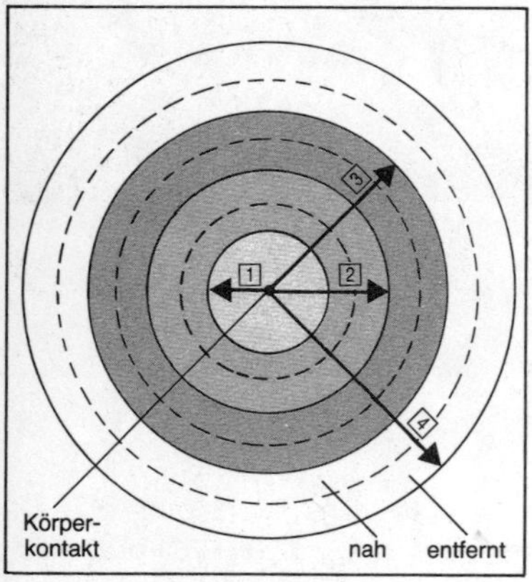

Weg vom Körper

- □ Raumgestaltung durch bewegte und statische Elemente.
- □ Raumverhalten:
  1. Intime Distanz (nah: Körperkontakt, entfernt: ca. 20–60 cm).
  2. Persönliche Distanz (nah: 60–90 cm, entfernt: 100–150 cm).
  3. Gesellschaftliche Distanz (nah: ca. 150–200 cm, entfernt: ca. 200–400 cm).
  4. Öffentliche Distanz (nah: ca. 400–800 cm, entfernt: ab 800 cm).

Körpersprache ist Zeitsprache

Im Körper

Hier erleben wir durch den Atem-, Herz- und Pulsrhythmus die elementarste Zeiteinteilung in die Tempi langsam und schnell mit den verschiedenen Möglichkeiten von:

- □ Temposteigerung (accelerando),
- □ Verlangsamung (ritardando),
- □ gleichmäßig (metrisch),
- □ ungleichmäßig (ametrisch)
- □ fließend (legato),
- □ unterbrochen (staccato),
- □ gleichzeitig (simultan),
- □ nacheinander (sukzessiv).

Die »innere Uhr« ist der Regulator für das individuelle Lang-Kurz-Zeitgefühl.

Am Körper

Der innere (körperliche – seelische – geistige) Rhythmus wird durch Gestik und Mimik zum Ausdruck gebracht in Form von:

- □ freien Rhythmen (unwiederholbar, ungleichmäßig) und
- □ gestalteten Rhythmen (ähnlich wiederholbar).

Weg vom Körper

Zeit wird vermittelt durch Uhren oder Takteinteilungen.

Körpersprache ist Energiesprache

Im Körper

Wir spüren organisch kreislaufmäßig und nervlich die Polaritäten von Leistungsschwäche und Leistungsstärke sowie ihre jeweilige Auswirkung auf den Bewegungsantrieb (Impuls).

Am Körper

Dem Impuls lassen wir Handlungen und Aktionen in Form von Skelett-, Sehnen- und Muskelaktivitäten folgen, indem wir sie innerhalb der räumlichen und zeitlichen Gegebenheiten anspannen und entspannen. Diese dynamischen Aktionen können stark und schwach sein und lösen das Gefühl für schwer und leicht aus.

Die acht elementaren Antriebsaktionen und dynamischen Bewegungsqualitäten sind (nach RUDOLF V. LABAN):

- *Drücken* – fest, direkt, allmählich.
- *Flattern* – zart, flexibel, plötzlich.
- *Stoßen* – plötzlich, direkt, fest.
- *Schweben* – allmählich, flexibel, zart.
- *Wringen* – flexibel, allmählich, fest.
- *Tupfen* – direkt, plötzlich, zart.
- *Peitschen* – plötzlich, fest, flexibel.
- *Gleiten* – allmählich, zart, direkt.

Weg vom Körper

Die »Spannungsverhältnisse« zu anderen Personen verändern sich durch Distanz.

Durch vermittelte Energien beeinflussen wir unsere Welt und machen sie hell oder dunkel, kalt oder warm.

Geballte Energie – hier kommt sie besonders deutlich zum Ausdruck.

Entstehung und Entwicklung der Körpersprache

Körpersprache ist angeboren, wird durch Imitation erlernt und mittels Lob und Tadel anerzogen. Die bedeutendste Fähigkeit des Menschen, seine Körpersprache, sein soziokulturelles Bewegungsrepertoire zu erweitern, ist die Lernfähigkeit mit unterschiedlichen Merkmalen. Interaktion mit dem Ziel Kommunikation ist zum Teil angeborenes und selbstentdecktes – intuitives, reflexives – Handeln.

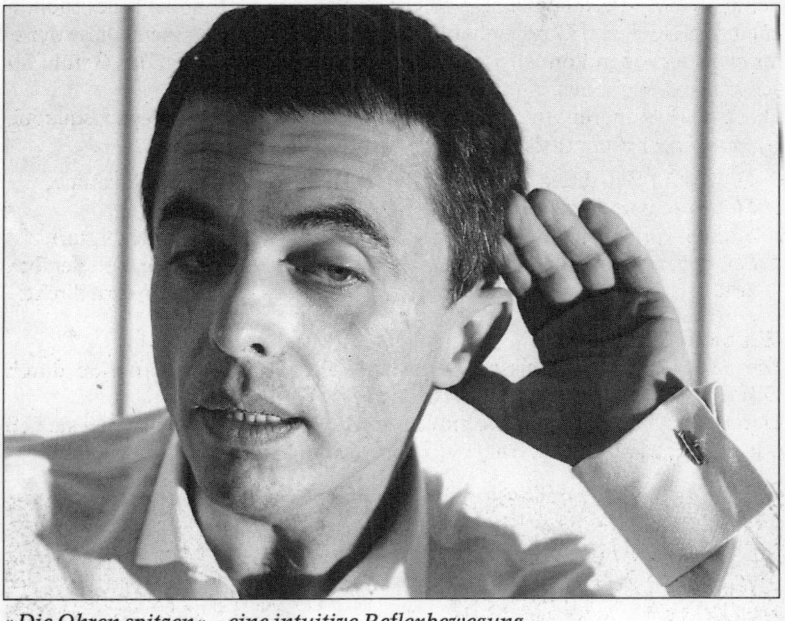

»Die Ohren spitzen« – eine intuitive Reflexbewegung.

Als erstes entdeckt der Mensch bei sich die *genetisch vorprogrammierten Handlungen,* deren anatomische materielle Voraussetzungen durch die Geburt geschaffen werden. Schon vor der Geburt entstehen erste Vorwärts- und Rückwärtsbewegungen, die der ca. sechs Wochen alte Embryo in der pränatalen Phase mit den Extremitäten vollführt. Mit ca. elf Wochen nimmt der Fötus eine Hockstellung mit vorgeneigtem Kopf und angewinkelten Beinen ein, und mit dem dritten Schwangerschaftsmonat reagiert er bereits spontan mit den Armen und Beinen. Das neugeborene Wesen zeigt reflexive Bewegungen, deren Aktivität sehr stark von der ungewohnten Außentemperatur abhängig ist. Diese Bewegungen sind mit den Körperreizen eng verbundene, autonome Handlungen, z. B. der *Saugreflex* durch Reizung der Lippen, oder Körperfunktionsreize wie Atmung, Verdauung oder Müdigkeit, mit denen das Kind ausdrückt, ob es sich wohl fühlt, Hunger hat, schlafen möchte u. a. m.

Saugreflex

Erlernte Körpersprache

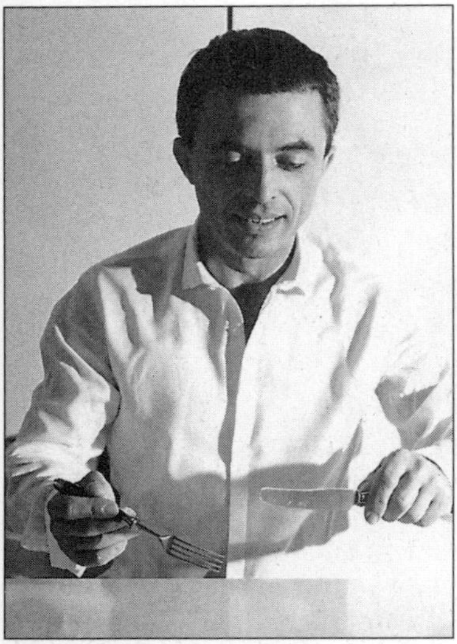

Übernommene Handlung

»Begreifen«

Körpersprache wird des weiteren *übernommen* und ist eine sozial bedingte, von Umweltfaktoren abhängige Handlungsweise. Solche Reflexionen auf die Umwelt sind Interaktion und Interpretation durch motorisches Nachvollziehen. Die Körpersprache wird *erlernt,* d. h. es geschieht eine Aktualisierung der Körpersprache durch Erziehung oder bewußtes, freiwilliges Lernen.

Bis zum 18. Lebensmonat etwa entwickeln sich die grob- und feinmotorischen Fähigkeiten, zunächst im Kopf-Hals-Bereich, dann im Rumpf (Haltung) und in den übrigen Gliedmaßen. Dabei laufen viele Entwicklungen parallel. Zuerst lernt der Mensch, zu krabbeln und zu kriechen, um zu erreichen, was in seiner näheren Umgebung ist, sich aufzurichten, zu sitzen, zu stehen, zu laufen, und er lernt vor allem, sich und seine Umwelt zu *begreifen.* Zugleich entwickeln sich als Zeichen des Selbständigwerdens die Anfänge sprachlichen Ausdrucks. Im Alter zwischen 3 und 6 Jahren ist der Bewegungsdrang am größten. Zu diesem Zeitpunkt ist die motorische Entwicklung im allgemeinen abgeschlossen. Sie kann sich nur noch leistungsmäßig steigern und ausdrucksmäßig stilisieren lassen.
Die Lernfähigkeit des Menschen findet auf drei Ebenen statt und prägt den Ausdruck der Persönlichkeit:

Körperliche Erfahrungen sind: Quantitative und qualitative Erweiterungen der körperlichen Funktionen und Formen in Bewegung. – Durch Wahrnehmung von: Raum, Zeit und Energie und ihre Abhängigkeit von: der seelischen, geistigen und psychischen Verfassung im Kontext mit dem sozialen Umfeld.

Seelische Erfahrungen sind intuitives Verstehen und Einordnen von gestischen und mimischen Äußerungen in Haltung und Bewegung.
In der Wortsprache gibt es viele Redewendungen, die dieses aufeinander Reagieren, das oftmals unbewußt geschieht, beschreiben. Körperlich-gefühlsmäßige Reaktionen werden durch verbale Schilderungen auf die geistige Ebene übertragen wie z. B.: Zuneigung – Abwendung; sich zum Fressen gern haben – sich gegenseitig nicht ausstehen können; sich aufeinander einstellen – sich querlegen oder sich durchboxen. Nur ein Teil dieser Gedanken drückt sich sodann wieder in Haltung und Bewegung aus, und zwar in dem Umfang, wie es Erziehung, persönliche Einstellung und gegenwärtige Situation zulassen.

Geistige Erfahrungen bedeuten: Unbewußtes wird bewußt; Gedächtnis, Konzentration, Wille, Intelligenz und Kreativität drücken sich körperlich aus. Über Selbsterfahrung entwickelt sich Selbstbewußtsein und -vertrauen. Durch Selbstakzeptanz wird der Mensch handlungsfähig und bereit, sich auszudrücken und seine Umwelt zu erforschen.

Im alltäglichen Gebrauch der Körpersprache mischen sich diese und typmäßig betont angeborenen, erlernten oder anderweitig erworbenen Handlungen, mit denen wir uns auf verschiedenen Ebenen gleichzeitig ausdrücken. Im Laufe der persönlichen Entwicklung stellt sich auch heraus, zu welchem Lerntyp man neigt – ob man ein Sehtyp, Hörtyp, Fühltyp oder Gesprächstyp ist – und welcher Sinnesbereich besonders wahrnehmungsfähig ist.

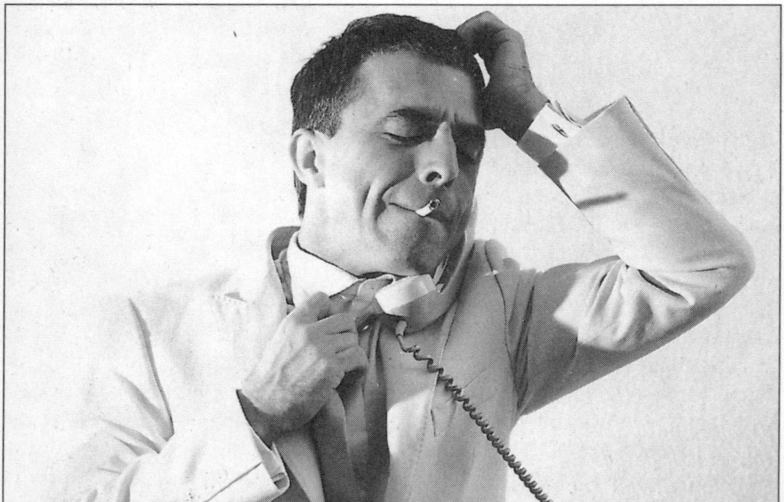

Das Ergebnis des Lernens ist die Eigenschöpfung, die Kombination der Elemente Spielen und Lernen zur schöpferischen Leistung. Sie schließt die eigenen Erfahrungen und die Erfahrungen, die andere gemacht und weitergegeben haben, ein.
Leider werden durch Bildungsmaßnahmen und -instrumente die individuellen Ausdrucksweisen des Körpers zugunsten der Abhängigkeit von gesellschaftlichen Normen oft stark reduziert. Beispielsweise dienen als Argumente für mangelnde Bewegungsförderung im Schulalter manchmal Ermüdungserscheinungen, die durch das Längenwachstum im Bewegungsbild auftreten. Gerade solchen Erscheinungen könnte durch individualitätsförderndes Training entgegengewirkt werden, nämlich wenn Neugierde geweckt oder Lust und spielerische Elemente der Bewegung betont würden. Dabei wären viele Degenerationserscheinungen von vornherein ausgeschaltet. Bewegungsspiel, Tanz und Musik müßten deshalb in der schulischen Ausbildung auf jeden Fall Vorrang vor Leistungssport haben.
»Musik müßte ein Hauptfach sein; sie ist genauso wichtig wie Mathematik, obwohl sie ein ganz anderes Thema hat, nämlich Psychologie und ähnliches im Hintergrund, und weil es, wie sich im Laufe der Zeit immer mehr herausstellen wird, eine Sprache ist, die jeder Mensch kennen muß. Die Musik ist vielleicht eine Art Esperanto, aber sie besitzt noch viele andere Formen von Sprachlichkeit. Sie ist eines der wichtigsten Dinge, ganz bestimmt. Turnen kann man abschaffen. Man sollte Tanzen als zweites Hauptfach einsetzen. Tanzen statt Turnen.«

Hans Werner Henze *in einem Interview der Zeitschrift für Musikpädagogik*

Bild links:
In dieser Szene spiegeln sich gleichzeitig drei verschiedene Handlungsweisen wider: autonome Handlung (Saugreflex, Kopfberührung in Streßsituation), übernommene Handlung (Krawatte binden) und erlernte Handlung (sprechen, hier: telefonieren).

Zeichen und Aussagen der Körpersprache

Welche Bedeutung haben Gestik und Mimik?

Jede sichtbare, hörbare oder fühlbare Mitteilung des menschlichen Körpers ist eine Handlung auf zwei untrennbar miteinander verbundenen Ebenen. Es sind die *Funktionsebene* und die *Ausdrucksebene* in ihrer Eigenschaft von gleichzeitigem Empfangen und Senden nichtsprachlicher und sprachlicher Zeichen. Die Funktion besteht darin, daß der Körper auf jeden Nervenreiz mit einer Bewegung reagiert. Jede dieser Bewegungen bedeutet etwas, ist Ausdruck. Nicht alle Bewegungen auf Nervenreize werden bewußt ausgeführt. Darum ist Körpersprache gleichsam Ausdruck von Unbewußtheit und Bewußtheit.

Unbewußte Körpersprache: Beim Warten an der Verkehrsampel sind häufig völlig unbewußte, unkontrollierte Bewegungen zu beobachten.

Der Mensch »spricht«, solange er lebt – nonverbal zumindest –, ununterbrochen. Jede Bewegung ist einmalig, in gleicher Weise nicht wiederholbar und deshalb auch nicht widerlegbar. Sie ist die aktuelle Informationsquelle über sein gegenwärtiges Sein. Bewegung, Körpersprache ist ein Informationssystem des Menschen für Menschen und über den Menschen, mit dem er sich ausdrücken muß, kann, möchte oder sollte. F. J. J. Buytendijk sagt: »So wie einer ist, so bewegt er sich, und so, wie sich einer bewegt, so ist er.«
Unsere heutige industriebedingte Lebensteilung in Freizeit und Arbeit bringt unterschiedliche körpersprachliche Zeichenqualitäten mit sich. Eigentlich zeichnet sich Körpersprache durch ursprüngliche Spontaneität und Unbewußtheit aus. Diese Zeichenqualität erlebt man vorwiegend nur noch bei Kindern, naturverbundenen Völkern oder in den Zwischenstadien, in denen wir die Rollen wechseln, uns z. B. auf dem Weg vom Beruf in die Freizeit befinden.

- *Die spielerischen Qualitäten* von Körpersprache, die dem Selbstsein oder Anderssein dienen, oder Körperaktivitäten und -entspannungen, die der Ablenkung oder Erholung (Regeneration) gelten, finden wir im Bereich Freizeit, z. B. im Breitensport, solange er lust- und nicht leistungsorientiert ist, oder beim kreativen Hobby.
- *Geprägte und durch Arbeitsvorgänge und soziale Rangordnung angepaßte Körpersprache* ist überwiegend im Berufsfeld zu finden. Das Fließband zwingt den Bewegungsablauf ebenso zur Anpassung wie der soziale Druck durch Vorgesetzte, Nachbarn oder Kollegen.
- *Mischformen* von spielerischen, alltäglichen und gestalteten Bewegungen erleben wir aktiv oder als Zuschauer in Theater, Pantomime und Tanz. Die alltägliche Bewegung wird, durch kreative Prozesse abstrahiert, zur neuen Realität mit verändertem Sinnes- und Sinngehalt: Ästhetik und Kommunikation in Form von Kunst.

Die Ausdrucksgrenzen der Körpersprache lassen sich ablesen an ihrer Mehrdeutigkeit und an symbolischen Gesten, die kulturkreisgebunden sind. Die Qualtität aber, daß es für sie im Grunde genommen keine politischen Grenzen gibt, läßt Körpersprache diesbezüglich nutzbar machen. Sie ist ein Verständigungsmittel über die Länder hinweg. Erfolge lassen sich ablesen an Kulturaustauschprogrammen in Form von Sportveranstaltungen, Tanz- oder Pantomime-Gastspielen oder ganz einfach auch an mimischen Gesten im Alltag, nämlich immer dann, wenn die Wortsprache Lücken aufweist und Reisende und Einheimische sich »mit Händen und Füßen« unterhalten. Selbst wenn der beabsichtigte Inhalt manchmal nicht sofort verständlich wird, findet er doch sinngemäße und emotionale Resonanz, da der Mensch, egal welcher kulturellen Zugehörigkeit, über die gleichen kommunikativen Vorbedingungen, d. h. über die gleichen körperlichen, seelischen und geistigen Anlagen verfügt.

Grundformen menschlicher Bewegung

Im körpersprachlichen Kommunikationsverlauf werden Informationen zumeist durch optische (sichtbare) und taktile (fühlbare) Zeichen übertragen. Jede Bewegung findet aber zunächst einmal binnenkörperlich statt. Zum einen gibt es die von geistiger Steuerung ziemlich unabhängigen Bewegungen von Organen etc., die uns z. B. etwas über unseren Gesundheitszustand signa-

Optische und taktile Zeichen.

Gesten können von allen nichttragenden Körperpartien ausgeführt werden.

lisieren, zum anderen löst jede gedachte oder wahrgenommene Bewegung einen wenn auch nur schwachen Impuls in uns aus. Stellt man sich beispielsweise intensiv vor, man bekäme einen Schlag in die Magengegend, so spannen sich die Bauchmuskeln automatisch an; oder man denke nur an das »ansteckende« Gähnen.
Binnenkörperlich sind auch alle Gesten. Es gibt zwei anatomisch vorgegebene Grundarten: Gesten zum Körper und Gesten weg vom Körper in Form von Beugen und Strecken. Gesten können von allen nichttragenden Körperpartien ausgeführt werden.

Gesten zum Körper
Sie dienen
- □ dem Schutz
- □ oder/und der Hygiene
- □ oder/und den Selbstintimitäten (die ein Ersatz für Berührungen durch andere sind).

Gesten weg vom Körper
Sie dienen
- □ der Abwehr
- □ oder/und der Zuneigung (Bindungszeichen bis hin zum Körperkontakt in zärtlicher oder aggressiver Weise).

Generell gilt, daß jede Geste einen mehrdeutigen Informationscharakter hat. Es gibt aber auch relativ *eindeutige* bewußte Gesten wie z. B. das »Vogel zeigen«. Des weiteren gibt es *beiläufige unbewußte* Gesten. Das sind funktionsbetonte Handlungen mit oft unbeabsichtigter Aussagekraft.

Oben links: Geste mit mehrdeutigem Charakter.

Oben rechts: Geste mit relativ eindeutigem Charakter.

Unten: Der Wortlüge: »Wie schön, dich zu sehen« steht die Körperwahrheit gegenüber: ironische Kopfhaltung und Mimik, verschlossene Oberkörperhaltung.

In der Regel finden wir Mischformen, also Zum-Körper- und Weg-vom-Körper-Gesten (primäre und sekundäre Gesten). Dies mag teilweise auch an den gesellschaftlichen Umgangsformen liegen, die selten eine spontane eindeutige Äußerung zulassen. Die Körpersprache eröffnet jedoch die Möglichkeit – und sie tut dies oft unbewußt –, einer Wortlüge die Körperwahrheit unbewußt und im gleichen Augenblick entgegenzuhalten.

Grundformen der Bewegung (nach Rudolf v. Laban)

Die Gebärde
Während die Geste eine Körper*teilbewegung* ist, ist die Gebärde eine aussagende Bewegung des *ganzen Körpers.*

Die Fortbewegung
Am auffallendsten sind die Fortbewegungen wie z. B. kriechen, krabbeln, staksen, gehen oder Varianten der raumverändernden Gewichtsverlagerungen wie schlurfen, schlendern oder gehen auf den Fußballen.

Die Erhebung
Eine weitere Grundform ist die Erhebung am Platz oder vom Platz wie Hüpfer: von einem Fuß auf denselben, von zwei Füßen auf zwei Füße, oder Sprung: von einem Fuß auf den anderen Fuß, von zwei Füßen auf einen Fuß, von einem Fuß auf zwei Füße.

Die Drehung
Darüber hinaus gibt es die Drehung:
- binnenkörperlich: Ein- und Ausdrehen von Körperteilen;
- ganzkörperlich: am Ort und vom Ort.

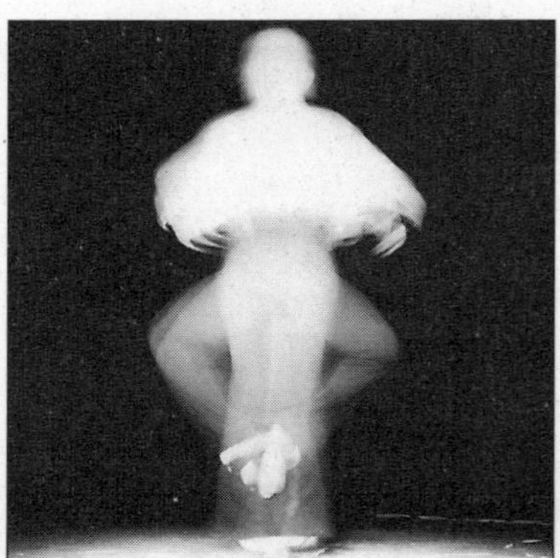

Die Haltung oder Ruhe

Zu den Grundformen zählt auch die Haltung oder Ruhe. Dies ist eine Muskelaktivität zwischen den Polen Spannung und Lösung, die das jeweilige Verhältnis von Schwerpunkt und Wirbelsäule zum Standort bestimmt. In dieser zur Fortbewegung im Kontrast stehenden Bewegungsform gibt es jede Menge Muskelaktivitäten willkürlicher und unwillkürlicher Art. Das Gleichgewichtsorgan im Innenohr und die Reizleiter in den Muskelfasern melden dem Lage- und Bewegungssinn, wie wir liegen, hocken oder stehen. Selbst wenn wir ruhen oder schlafen, erreichen wir oft dieselben Körperaktivitäten wie im Wachzustand, seien es die des Herzens und der Atmung, oder die 40–70 Lageveränderungen der schlafenden Person. Absolute Ruhe in Form von Bewegungslosigkeit gibt es nur im Totsein.

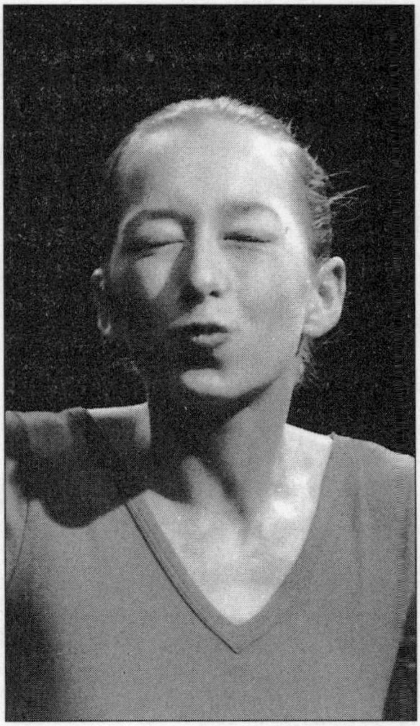

Die Mimik

Mimische Zeichen sind Augenbewegungen und Bewegungen der Gesichtsmuskulatur. Aufgrund von Erbfaktoren gibt es Gesichtsausdrucksweisen, die angeboren sind und in allen Kulturkreisen dieselbe Bedeutung haben. Es sind die Gesichtsmuskelkontraktionen bei Trauer, Freude, Angst, Zorn, Glück und Ekel.

Die Gestik
Die auffallendsten Gesten sind die Arm-Hand-Gesten. Aber auch andere Gesten werden mehr oder minder bewußt eingesetzt. Meist unterstützen oder kommentieren sie verbale oder nonverbale Hauptinformationen.

Charakteristika von Gestik und Mimik

Ausdrucksgesten liefern ununterbrochen Informationen über den Menschen, der aus irgendeinem Anlaß immer gestikuliert.

Mimische Gesten
Mimische Gesten werden fast immer bewußt eingesetzt, da ihre Zeichenqualität darin besteht, reale Vorgänge zu imitieren. Manche mimischen Gesten, die wir oft mühsam erlernt haben, werden durch häufiges Wiederholen ins Unterbewußtsein verlagert.

Schematische Gesten
Sie sind die »Kürzel« von mimischen Gesten. Realität wird daher nicht angestrebt, sondern nur das wichtigste Merkmal der nonverbalen Information wiedergegeben. Eine solche schematische Geste stellt beispielsweise der Gruß mit der Handgeste als Ersatz für das Hutziehen dar. Das wichtigste Merkmal ist hier die Bewegung weg vom Kopf, so als würde eine Kopfbedeckung abgenommen werden. Eine mimische Geste würde nicht nur den ganzen Vorgang, sondern auch die fiktive Kopfbedeckung durch die Art des Greifens darstellen.

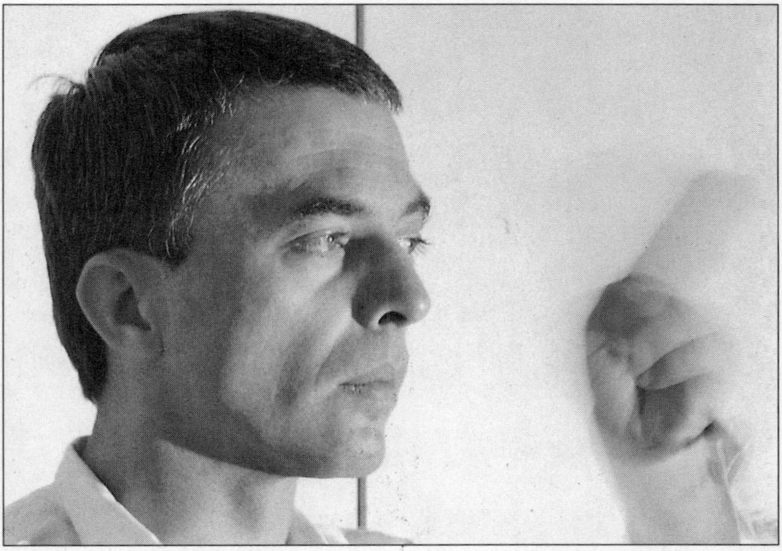

Technische Gesten
Dies sind Gesten, die sich aus körperlichen oder z. B. beruflichen Funktionen ergeben. Sie werden häufig in Situationen angewandt, in denen verbale Kommunikation nicht nötig oder nur schwer möglich ist.

Kodierte Gesten

Hiermit sind Bewegungen gemeint, die wie die Wortsprache nur von einer bestimmten soziokulturellen Gruppe verstanden werden, z.B. die »Gebärdensprache« oder das Fingeralphabet der Gehörbehinderten. In diesem Bereich bekommen die ansonsten mehrdeutigen Zeichen fast eindeutigen Charakter, ähnlich den symbolischen Gesten.

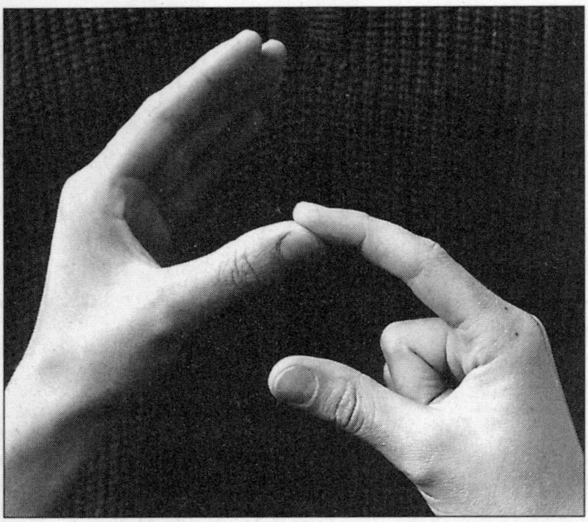

Gehörlosen-Alphabet: hier der Buchstabe »A«.

Das Siegeszeichen: »V« für Victory.

Symbolische Gesten

Solche Gesten haben fast immer eine andere Bedeutung als die real gezeigte Bewegung. Sie imitieren nicht die Realität wie die mimischen Gesten, sondern stellen ein Gefühl oder einen Gedanken abstrahiert dar. Durch den verschieden starken Abstraktionsgrad sind symbolische Gesten nur dem Personenkreis verständlich, der die Zeichen und ihre Bedeutung zu irgendeiner Zeit einmal festgelegt hat.

Erhobene Hände: Der Dirigent führt sein Ensemble.

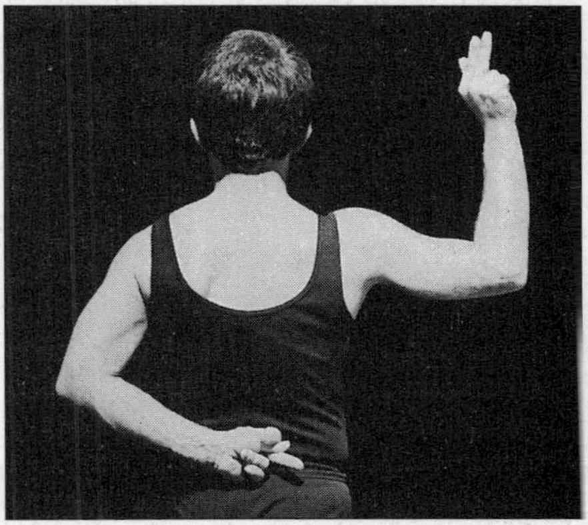

Sich aufhebende Gestik: Hier wird der abstrahierte Gedanke in der Haltung deutlich.

Unterschiede und Gegensätze der Körpersprache

Körpersprachlich gesehen sind die Völker der Welt, wegen der gleichen anatomischen Voraussetzungen, eine einzige Nation – mit vielen »Dialekten«. Die elementare Verständigung ist durch die körperliche Bewegung weltweit möglich. Gefühlsäußerungen werden »verstanden« und Grundbedürfnisse können geregelt oder befriedigt werden. Jede Lebensgemeinschaft entwickelt darüber hinaus ein eigenes Vokabular und eine spezielle Ausdrucksweise, die sie von anderen abgrenzen. Entsprechend den Dialekten im verbalen Bereich entstehen auch körpersprachliche Unterschiede und oftmals sogar Gegensätze.

Alle unterschiedlichen Entwicklungen bleiben aber abhängig von der Natur, wie zum Beispiel den Klimazonen sowie der sozialen und kulturellen Umgebung, dem Drang zur Selbstbehauptung und dem Machtstreben mit Hilfe von Denkfähigkeit und Phantasie. Die körpersprachlichen Nord-Süd-Gegensätze sind sehr stark geprägt von den klimatischen Gegensätzen. Der Mensch als ein Teil der Natur unterliegt mit seinem Bewegungsmaterial, wie jedes andere Material auch, dem Klima und den übrigen Umwelteinflüssen. Jedes Material, so auch die Gestik, wird in der Wärme größer und weiter, in der Kälte aber enger, steifer. Ein anderer gravierender Unterschied in der nonverbalen Kommunikation entsteht durch die Teilung der Welt in Industriegebiete und Naturzonen. Der Großstadtmensch »spricht« einen völlig anderen »Dialekt« als der Mensch, der, wo es noch möglich ist, im Gleichklang mit der Natur lebt.
Aufgrund der Denkfähigkeit des Menschen entwickelten sich auch in der Körpersprache sehr unterschiedliche Mitteilungsformen, Symbole und Zeichen, die von Region zu Region und von Gruppe zu Gruppe verschieden sein können. Meistens sind es Gruß- und Ja-Nein-Zeichen oder Metasignale, die

nur Eingeweihte verstehen. Jeder Außenstehende muß dieses Vokabular genauso erlernen wie eine Fremdsprache, wenn er »mitreden« möchte.
Je mehr Menschen die Erde bevölkern und je mehr auf engstem Raum in Großstädten zusammenleben, desto wichtiger wird Körpersprache für die soziale Mitteilung und Abgrenzung. Wenn sich zum Beispiel ein Nicht-New-Yorker mit umherschweifendem Blick nach hierhin und dorthin wendet, kann er durchaus schneller in Unannehmlichkeiten verwickelt werden als einer, der die körpersprachlichen Regeln befolgt und zunächst jedem sagt: »Laß mich in Ruhe.« Dies drückt sich aus durch geradlinige Gesten und zielgerichteten Blick – am Entgegenkommenden vorbei. Diese Großstadt-Neinsager sind andererseits fast stets bereit, in übertriebene Gestik zu verfallen, wenn es darum geht, sich selbst darzustellen, um andere davon zu überzeugen, daß man anders ist als die übrigen Millionen Mitmenschen. Gerade in den westlichen Metropolen entsteht, gestützt von Kaufkraft und Konsum, ein nonverbaler Produktionszwang, der geradezu exotische Blüten treibt. Die exotische Aufmachung verdeckt aber häufig mangelndes Selbstvertrauen. Vorbilder werden deshalb aufgebaut, kopiert und nie erreicht. Manchmal kann dann nur noch der Psychiater helfen und aus dem Möchtegern-Elvis wieder den unverwechselbaren, einmaligen Menschen machen, der er ist – durch Schaffung persönlicher Maßstäbe und im Einklang mit sich selbst und seiner nächsten Umgebung.

Er möchte gern Mister Universum sein.

Körpersignale

Körpersignale sind Gesten mit festgelegter Bedeutung. Unbewußt gesendete Signale »sagen« immer die Wahrheit; bewußt ausgeführt dagegen, können sie wie die Wortsprache lügen. Doch auch mit größter Mühe lassen sich unbewußt gesendete Informationen nicht vermeiden. Selbst bei Profitäuschern – dies ist im positiven Sinn zu interpretieren – schimmert trotz aller professionell dargestellter Körpersprache ein Stück Wahrheit durch die Rollenmaske. Beobachten Sie beispielsweise die ruhigen Handgesten eines Geistlichen, die sich während der Predigt nicht zum Körper bewegen, um einen Juckreiz zu stillen, oder ob seine Füße nicht trotz der ruhigen Ausstrahlung einen nervösen Menschen zeigen.

Wir alle lernen von Geburt an, unsere Gefühlsäußerungen zu kontrollieren und den gesellschaftlichen Normen anzupassen. Ausgenommen davon sind von Geburt blinde Menschen, die ihre Gesten nicht der visuellen Kontrolle unterwerfen, oder Personen, die berufsbedingt intensiv die Körpersprache anwenden.

Signalkategorien

Alle Körpersignale, auf die wir tagtäglich mehr oder minder gereizt reagieren, lassen sich zum besseren Verständnis in drei Bereiche einteilen:

1. Übertriebene Signale

Sie stehen eindeutig im dissonanten Verhältnis zur Aussage. Übertriebene Signale entstehen aus

- *Unsicherheit* wie geistiger, körperlicher und/oder gefühlsmäßiger Instabilität;
- *Beziehungsstörungen,* d. h. wenn man beispielsweise eine Situation nicht richtig einordnen kann;
- *Überkompensation,* d. h. wenn man versucht, jegliche Unsicherheit zu überspielen.

2. Unbefriedigende Signale

Dies sind Gesten, die nicht den erwarteten Intensitätsgrad erreichen wie z. B. kaum merk- und sichtbare körperliche Reaktionen bei einem Wiedersehen nach langer Trennung u. ä.

3. Metasignale

Metasignale sind solche, die andere Signale kommentieren, deren Inhalt verändern oder gar aufheben, z. B. wenn eine Drohgebärde mit einem breiten »freundlichen« Grinsen begleitet wird.

Nachfolgend die geläufigsten Gesten aus dem täglichen Umgang mit Menschen, die übertrieben, unbefriedigend oder kommentierend sein können oder Mischqualitäten darstellen und damit auch gemischte Gefühle beim Partner auslösen:

- **Schutzgesten,** Barriere-Signale in psychischer und physischer Hinsicht. Z. B. Genitalschutz beim Fußballstrafstoß oder Abschirmen des Kopfes durch die Hände bei intensiven Gedankengängen oder z. B. »Sonnenschutz«.

- **Abwehrgesten** entspringen den Reaktionen auf echte oder vorgestellte Gefahren.

- **Demutsgesten** sollen Kontrahenten besänftigen. Ihr Mitteilungscharakter reicht von der Anpassung bis zur totalen Unterwürfigkeit. Bewußt eingesetzt werden diese Gesten auch, wenn ein bestimmtes Ziel mit anderen Mitteln nicht zu erreichen ist.

- **Verletzende Gesten,** die Verachtung zeigen.

- **Drohgebärden,** die Einschüchterung bewirken sollen.

□ **Ersatzhandlungen,** umgelenkte, aggressive Gesten gegen sich oder andere: Zum Beispiel die berühmte geballte Faust in der Hosentasche, die eigentlich am Kinn des Gegenübers landen sollte.

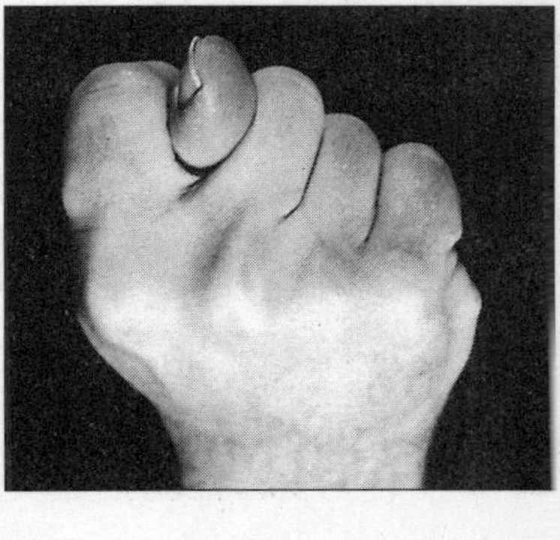

□ **Obszöne Geste,** bewußte körpersprachliche sexuelle Beleidigungen.

□ **Selbstentblößende Gesten,** die narzißtischen Neigungen entspringen.

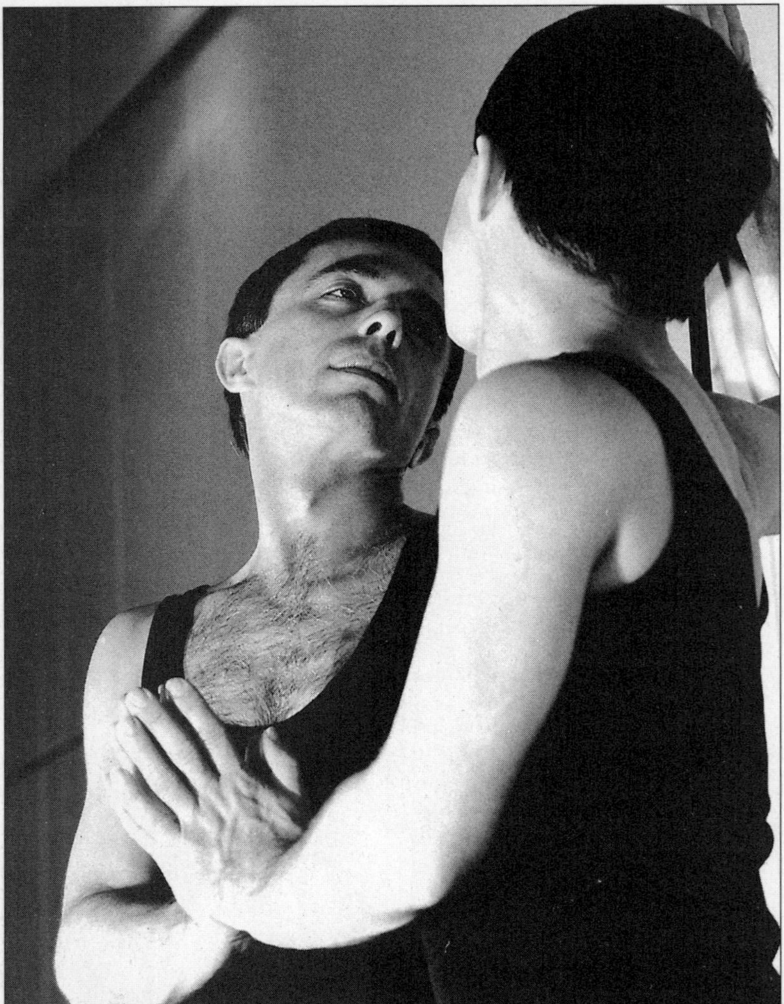

Je mehr Signale man bewußt wahrnimmt und zu verstehen versucht, um so sicherer wird das Verhalten, da Empfangs- und Sendemöglichkeiten durch das Wissen um die Wirkung der Körpersprache erweitert werden und damit bewußtseinserweitertes Kommunizieren auf mehreren Ebenen möglich wird.

Die Glaubhaftigkeitsskala der Körpersprache

(nach Desmond Morris)

Als Beispiel, wie weit man Körpersprache kontrollieren kann, sei auf die »Glaubhaftigkeitsskala« von Desmond Morris hingewiesen:

- **Autonome Signale** sind am glaubwürdigsten. Sie lassen sich zwar auch bewußt erleben, aber so gut wie nicht kontrollieren. Beispiele: »Erröten«, »Schweißausbruch«.
- **Bein- und Fußsignale** lassen sich oft schwer kontrollieren, da sie von den gewohnten Kommunikationsbereichen Kopf und Händen als weit entfernte Kommunikationsmöglichkeit für die meisten Menschen zu unvertraut sind. Anders reagieren Tänzer. Sie achten auch in der alltäglichen Interaktion berufsbedingt auf die Bein- und Fußhaltung ihrer Kommunikationspartner.
- **Becken- und Torsobewegungen** lassen sich schon eher kontrollieren und eignen sich auch ganz gut für Täuschungsmanöver. Denken Sie z. B. an den Zuhörer, der durch aufrechte Haltung Aufmerksamkeit signalisiert, aber hinter vorgehaltener Hand gähnt oder gar döst.
- **Unbewußtes Gestikulieren** kann sehr viel über den »Sender« sagen. Da wir aber die Hände oft gebrauchen, sind die Grenzen zur unbewußten und
- **verständlichen Geste** fließend. Werden unbewußte Gesten zu heftig ausgeführt, rücken sie ins Bewußtsein, werden unter Kontrolle gebracht und oft durch überlegte, eindeutigere Gesten abgelöst. Das Gestikulieren wird zum gestischen Manipulieren. Und damit können wir mit den Händen fast genauso gut lügen wie mit der
- **Gesichtsmimik** und/oder dem
- **gesprochenen Wort.**

Menschlicher Bewegungsausdruck

Körpersprachliche Darstellung durch die Wahrnehmungsorgane und -sinne

Die Wahrnehmungsorgane und -sinne steuern Empfang (Empfinden) und Äußerung (Ausdruck).

Augen: Sehsinn
Hinsichtlich der Körpersprache sind zunächst die visuellen Eindrücke sehr wichtig:

- Äußerliche und körperliche Erscheinung, Gebärde, Gestik, Mimik.
- Temperament, Fortbewegungstempo, Reaktionsfähigkeit.
- Emotionale Äußerungen.
- Raumnutzung.

Es folgen:

Haut – Druck – Temperatur: Tastsinn
- Zufällige Berührungen: anrempeln, schubsen, treten etc.
- Absichtliche Berührungen, Aggressionsformen, sexuelle Kontakte.

Ohren: Hörsinn
- Stimme: Tonlage, Tempo, Lautstärke.
- Sprache: Dialekt, sprachliche Qualitäten, Behinderungen, Angewohnheiten (äh, hm, ts).
- Gefühlsäußerungen: seufzen, schluchzen, weinen, lachen, summen, pfeifen, singen, händeklatschen, aufstampfen.
- Organische Geräusche: husten, niesen, magenknurren, rülpsen.
- Geräusche mit Gegenständen: türenschlagen, mit Gegenständen klappern, schießen.
- Geräuschkulisse: Musik.

Nase: Geruchssinn

- Natürliche Gerüche der Haut, der Haare und der Organe: Atem, Blähung, Schweiß, sexuelle Gerüche.
- Unnatürliche Gerüche der Haut, der Haare und der Bekleidung: Parfüm, Tabak, Alkohol, chemische Gerüche.

Mund: Geschmackssinn

- Bewegungen des Mund- und Rachenraums.

Innenohr: Gleichgewicht und Lagesinn; Muskel- und Sehnensinn, Muskel- und Bewegungssinn

- Optisch wahrgenommene, gedachte oder gefühlte Bewegungen, die unmittelbar das Körperbewußtsein und das Körpergedächtnis ansprechen, sei es im Mitvollziehen oder Nachvollziehen durch optisch wahrnehmbares, autogenes Reagieren und Handeln. Die *Reizleiter* (Empfindungsnerven) von den Sinnesorganen zum Zentral-Nervensystem, dem Rückenmark und dem Gehirn, und die *Impulsleiter* (Bewegungsnerven) für die vom Gehirn gesendeten Signale sind die Empfangs- und Sendekanäle. Die inneren und äußeren Organe sind die Mitteilungsinstrumente. Über die Kanäle werden dingliche Reize wie Gegenstände, Personen und Räume, und nichtdingliche Reize wie Gefühle, Gedanken und Hunger intuitiv (lat. *intuitio, intueri* = nichtfaßbare, nichtsinnliche, nichtdenkbare psychische Wahrnehmung) oder bewußt, denkbar wahrgenommen und stimulieren zu fortwährendem Handeln.

Wahrnehmung von Körpersprache

Auf den verschiedenen Wahrnehmungsebenen finden immer gleichzeitig Erfahrungen statt. Im Gegensatz zur sprachlichen Verständigung, die aus dem Nacheinander von Hören – Sagen/Antworten besteht, wird körpersprachlich immer gleichzeitig empfangen *und* gesendet, da alle Sinne immer in beide Richtungen präsent und aktiv sind. Diese Reizflut wird gefiltert durch die unbewußte und bewußte Selektion der Informationen. Das Unterbewußtsein ist sozusagen das Auffangnetz für alles, was nicht direkt für den entsprechenden Moment lebenswichtig ist, und bildet durch seine Speicherkapazität, die eine unterschiedliche Verarbeitung der Erlebnisse zuläßt – z. B. Traum oder künstlerisches Gestalten –, einen Schutz gegen psychische und physische Überlastung. Körpersprache ist somit ein sinnlicher Vorgang im Sinne des Wahrnehmens und des Sendens.

Wahrnehmen und Senden ist zunächst auch einmal ein funktionaler Vorgang des Bewegungsapparates, der unwillkürlichen und der willkürlichen Muskelanspannung einschließlich des Herzmuskels. Die Skelettmuskulatur ist der aktive, das Skelett der passive Bewegungsapparat. Diese beiden Handlungen finden in den durch die Reize geschaffenen Spannungsfeldern zwischen den Polen Spannung und Entspannung statt, stets auf der unbewußten oder bewußten Suche nach Ausgleich, um den Körperhaushalt existenzfähig zu erhalten:

- Schwache Reize wirken stimulierend (z. B. streicheln);
- starke Reize lösen Anpassungsvorgänge aus (z. B. Marschmusik, Walzer, Disco-Rhythmen);
- zu starke Reize wirken lähmend oder zerstörend (z. B. erschrecken).
- Ein unbedingter Reiz löst eine unwillkürliche Reaktion aus: Müdigkeit – gähnen, Halsreiz – schlucken etc.;
- ein bedingter Reiz, ein ursprünglich mit einem unbedingten Reiz verknüpfter Reiz, löst nach gewisser Zeit auch unabhängig vom unbedingten Reiz denselben Reiz aus wie dieser: Stellen Sie sich intensiv »gähnen«, »schlukken« oder eine Eßdelikatesse vor und Sie müssen über kurz oder lang gähnen, schlucken oder es läuft Ihnen das Wasser im Mund zusammen.

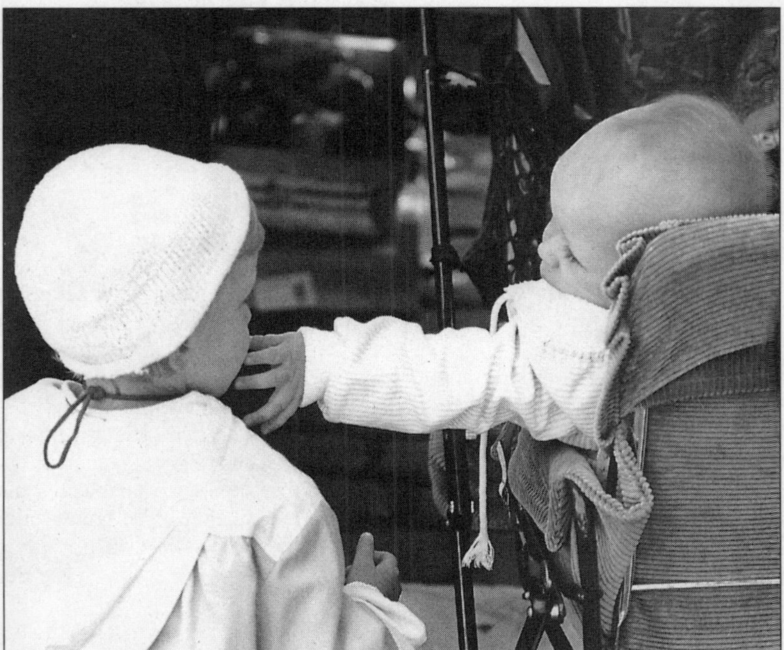

Schwache Reize wirken stimulierend (z. B. greifen).

Starke Reize lösen Anpassungsvorgänge aus (z. B. Marschmusik).

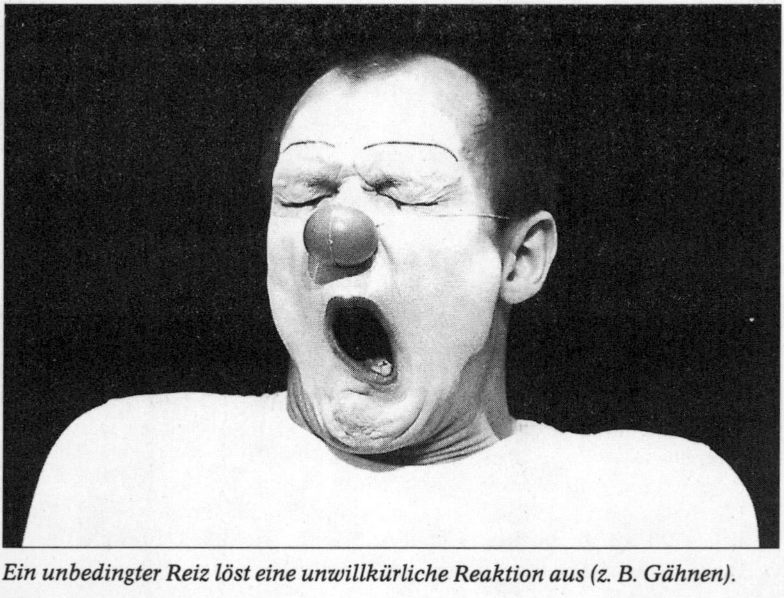

Ein unbedingter Reiz löst eine unwillkürliche Reaktion aus (z. B. Gähnen).

Ein bedingter Reiz löst spiegelbildgleich die gleiche Reaktion aus (z. B. Gewalt).

Das sympathische Nervensystem, das durch das Nebennierenhormon Adrenalin in Erregung, Spannung und Aufmerksamkeit versetzt wird, und das parasympathische Nervensystem, das für die Regenerierung der verbrauchten Energien sorgt, suchen in der individuellen Mischung von intuitivem, unbewußtem und bewußtem Reagieren den Ausgleich der Spannungen, die durch die Flut dinglicher, nichtdinglicher, natürlicher und unnatürlicher Reize entsteht. Dieses Reagieren erfordert körperliche, seelische und geistige Kräfte. Wie läuft so ein Wahrnehmungs- und Reaktionsvorgang ab?

1. Ein Reiz wird wahrgenommen (Informationsphase).
2. Intuitives und unbewußtes Sortieren dieser Reize (Inkubationszeit), während das Bewußtsein sozusagen in Erwartung ist.
3. Eine Lösung wird erkannt (Illuminationsphase).
4. Es erfolgt die Reaktion in Form von Ausdruck in dinglicher und nichtdinglicher Gestalt, nämlich in Gedanken oder Taten (Verifikationsphase).
5. Das »Ankommen« der Ausdrucksform wird überprüft (Reflexionsphase).

Kreativität

Die körpersprachliche Kommunikation ist über den sinnlichen und sozialen Rahmen hinaus auch ein bewußt kreatives Verhalten im Auffassen, Nachdenken, Tun-Wollen und Umsetzen.

Neben den bisher beschriebenen körpersprachlichen Merkmalen ist die Phantasie eine wichtige Eigenschaft für die menschliche Kommunikations- und Entwicklungsfähigkeit. Der Mensch muß seine ihm eigene Phantasie nutzen, um existieren zu können. Phantasie ist keine Begabung, sondern eine natürliche Anlage, deren Umfang – wie jede andere körperliche Qualität ist sie individuell verschieden – bis zu einem gewissen Grad entwickelt werden kann. Kreativität ist Phantasieren in allen möglichen Bereichen, unabhängig von Wertvorstellungen und Normen, und äußert sich durch Experimentierfreudigkeit, Unangepaßtheit, Unabhängigkeit und durch häufiges Wechseln oder gleichzeitiges Beschäftigen mit mehreren Ideen.

Um die Alphawellen der linken Gehirnhälfte, wo laut medizinischen Messungen die kreative Hauptvorarbeit geleistet wird, zu mobilisieren, müssen persönliche und gesellschaftlich bedingte Hemmungen abgebaut und Anpassungsprozesse vermieden werden. Der von den Normen abweichende Mensch wird in der Regel nicht von den »Normalen« akzeptiert, da er sich nicht integrieren läßt oder nicht integriert wird. Integrationsschwierigkeiten können sein:

- Übergroßes Selbstbewußtsein bis hin zum Narzißmus.
- Besessenheit, von einem Thema total eingenommen, das keinen Freiraum für soziale Kontakte (Sozialintegrität) läßt.
- Benutzung von Stimulanzien, die gesellschaftlich nicht akzeptiert werden: Drogen, Andersgläubigkeit, organische Erregung, um die »grauen Zellen« zu aktivieren.

Von der Norm abweichend, deshalb wenig akzeptiert.

Doch gerade die »Sonderlinge« haben den »Normalen« immer Entwicklungsanstöße gegeben. Aus diesem kollektiven Wissen und Gewissen heraus entwickelt jede Gesellschaft eigenartige Verhaltensmuster, die dazu führen, daß kreative Abweichler entweder besondere Privilegien erhalten (Narrenfreiheit, kapitale Zuwendungen) oder verfolgt werden. Um die Grundfähigkeit Kreativität erweitern zu können, ist eine gut funktionierende Körpersprache Voraussetzung:

- **Sensitivität**
  Die Sinnesorgane und Nerven müssen funktionieren.
- **Variabilität**
  Die Gedanken müssen in verschiedene Richtungen gehen können.
- **Flexibilität, Originalität**
  Der persönliche Ausdruck muß vielgestaltig sein.

Gefühlsmäßige, körperliche, sozial bedingte Hemmungen und Anpassungen sollten dagegen so gering wie möglich vorhanden sein.
Auf diese Weise können Situationen analysiert, Reize umgestaltet und neue Formen erfunden werden, die wiederum zu einem Teil der gesamten menschlichen Kommunikation werden, da jede Äußerung einen Eindruck hinterläßt, der eine Reaktion zur Folge hat. Bewegungsausdruck ist somit das Zusammenwirken von Erfahrung, Bildung, Kreativität, Konstitution, Geschlecht, Alter, Temperament und seelischer Verfassung im Rhythmus der allerersten menschlichen Bewegungen: hin und her, vorwärts und rückwärts.

Körpersprachliche Verhaltensweisen

Durch seine Anatomie, seine einzelnen Körperglieder und -gelenke, hat der Mensch die Möglichkeit zu gestikulieren. Dieser Zeichengebrauch, der durch den Körperbau einen bestimmten Radius umfaßt, legt unser Verhalten in seiner Grundstruktur fest. Hinzu kommt das Zusammenwirken der individuellen Erfahrungen und Lernprozesse, die Auswirkungen haben auf die Verhaltensebene in allen Bereichen, in denen sich der Mensch als Persönlichkeit durch andere erlebt. Das soziale Umfeld ist der Spiegel, der ihn seine Fähigkeiten, Grenzen und Bewegungsfreiheiten erkennen läßt. Dieses auf Wechselwirkung basierende Dasein beeinflußt und verändert den Ausdruck fortwährend.

Das Anstreben von sinnvollem Spannungswechsel, auch von einer gewissen Stabilität, ist die Keimzelle des Normverhaltens. Von sich aus schließt der Mensch auf andere. Da sich die Reize und mit ihnen die Reaktionen, *das Bemühen um Stabilität,* ständig verändern, sind auch gesellschaftliche und politische Maßstäbe ständiger Veränderung unterworfen. Die körperlichen Erfahrungen werden quasi durch geistige Leistungen auf alle anderen Verhältnisse übertragen. Beobachtungen von körperlichen Gegebenheiten können dank des Verstandes beispielsweise durchaus zu politischen Veränderungen führen.

Die Wahrnehmung von Körpersprache ist nicht nur ein sinnlicher Reiz, der Reaktionen hervorruft, sondern auch eine soziale Handlung. Mit der Bewegungsbestandsaufnahme wird gleichzeitig die soziale Stellung eingeschätzt. Aus diesem Grund gilt die Aufmerksamkeit zunächst besonders dem äußeren Erscheinungsbild, den Statusmerkmalen und den Umgangsformen. Findet nonverbale Kommunikation z. B. in der Sauna statt, ergeben sich ganz andere Rollenerwartungen und Verhaltensweisen. Hier steht man sich ganz natürlich – im wahrsten Sinne des Wortes – gegenüber, ohne Statussymbole, ohne schmückenden Rahmen. Falls der Schwitznachbar dies zuläßt, kann man nur über das Wort herausfinden, in welches Umfeld dieser Mitmensch gehört. Allenthalben kann man lediglich über körperliche Merkmale spekulieren, ob diese eine berufliche oder anderweitige Ursache haben.

»Kleider machen Leute« – und doch schimmert immer, welche Maske es auch sein mag, die Persönlichkeit hindurch, ausgedrückt durch anatomische Grundstrukturen und unbewußte, immer wiederkehrende Bewegungsmuster.

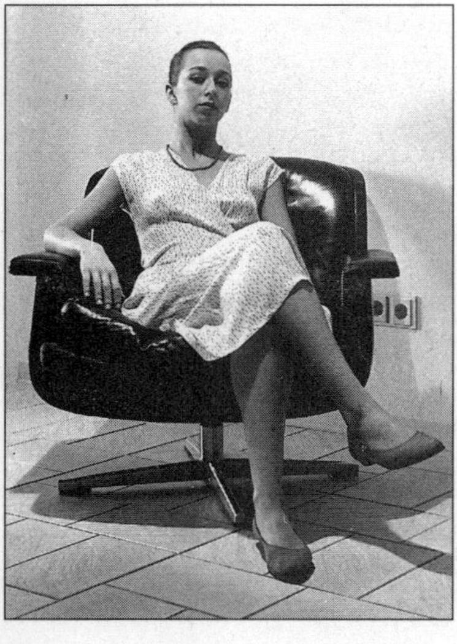

Die nonverbalen Informationen sind also die vorrangigen Quellen für die Interpretation der sozialen Repräsentanz einer Person. Erst oft nach dieser, aber meist gleichzeitig mit dieser Rolleneinschätzung beginnt der körpersprachliche Umgang mittels:

Mimik
Gesichtsbewegungen.

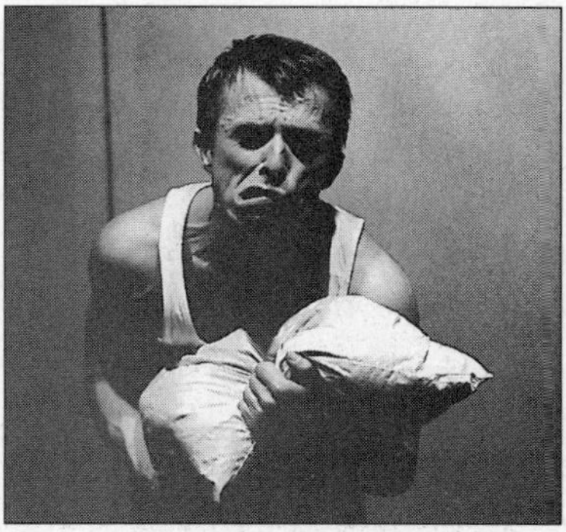

Gebärde und Gestik
Kopfhaltungen – Kopfbewegungen, Körperhaltungen – Körperbewegungen.

Raumverhalten
Einhalten oder Nichteinhalten der Körperdistanzzonen.

Körperkontakt
Selbstberührungen und Partnerberührungen.
Funktionale Berührungen: sich kratzen, jemanden stützen, führen oder ziehen.
Berufsmäßige Berührungen: Friseur, Arzt, sportliche Hilfestellung und Berufstänzer.

Desmond Morris beschreibt zwölf Stadien der Kontakte und Berührungen vom freundschaftlichen bis zum sexuellen Kontakt. Wieweit jeweils gegangen wird und ob einzelne Stationen übersprungen werden, ist vom jeweiligen Partner und der jeweiligen Situation abhängig. Die Reihenfolge ändert sich im »Normalfall« jedoch nicht:

Kontaktaufnahme

Auge	–	Körper
Auge	–	Auge
Stimme	–	Stimme

Kontakte

Hand	–	Hand
Arm	–	Schulter
Arm	–	Hüfte
Mund	–	Mund
Hand	–	Kopf
Mund	–	Brust
Hand	–	Genitalien
Genitalien	–	Genitalien
Mund	–	Genitalien

Die alltäglichen Handlungen haben unterschiedliche Ursache. Die körperliche Äußerung kann sein:

- ◻ **ein Ereignis,** wie z. B. Erröten, Schluckauf, Husten, Stottern, das etwas bedeutet, aber kaum zu steuern ist;
- ◻ **eine Aktion,** die teils bewußt, teils unbewußt geschieht, wie z. B. die Begleitgesten während des Sprechens;
- ◻ **oder Gestaltung,** bewußt und abstrahiert, je nach Absicht und Bewegungsmöglichkeit.

Gestaltungsvorgänge gliedern sich in die Bereiche:

Erfahrungen sammeln

- ◻ **durch Spielen** – Entdeckungen machen,
- ◻ **durch Lernen** – imitieren, reproduzieren, reflektieren, interpretieren.

Erfinden

- ◻ durch spielerischen, schöpferischen Gebrauch des Materials,
- ◻ durch Improvisieren und Gestalten, wobei die Gestaltung als die Summe der Erfahrungen der Improvisation verstanden werden kann.

Die Intensität der Handlungsweisen ist abhängig von:

- ◻ **Beweggründen** (Motivation),
- ◻ **Phantasie** (Kreativität),
- ◻ **Stimmung** (intuitives Erfassen des »Kommunikationsklimas«),
- ◻ **dramaturgischer Gestaltung.**

Wie man sich in Szene setzt.

Rollenschema

Jeder spielt in jeder Situation eine status- oder typabhängige Rolle. Die Rolle kann echt oder Fassade sein. Auf der Bühne des Alltags kann man Hauptperson oder Regisseur sein, im nächsten Moment nur Nebendarsteller, wenn eine andere Person alle Aufmerksamkeit auf sich zieht. So schlüpfen wir täglich ganz unbewußt in viele Rollen und in viele Stücke: Dramen, Komödien, Krimis und andere mehr.
Bei jedem Szenenwechsel stellt sich erneut die Frage nach der Selbstdarstellung, dem *Rollenverständnis* – es ist das Bewußtsein seiner Rolle, das ein Individuum zum sozialen Handeln bringt. Hier stellen sich folgende Fragen:

Wer bin ich?
- □ Empfindungsmensch (introvertiert),
- □ Tatmensch (extrovertiert).

Welche anatomischen Grundtendenzen sind gegeben?
- □ athletisch,
- □ dick,
- □ oder dünn.

Wie sind die emotionalen Grundtendenzen?
- □ heiter (sanguinisch),
- □ traurig (melancholisch),
- □ schwerfällig (phlegmatisch),
- □ aufbrausend (cholerisch).

Heiter

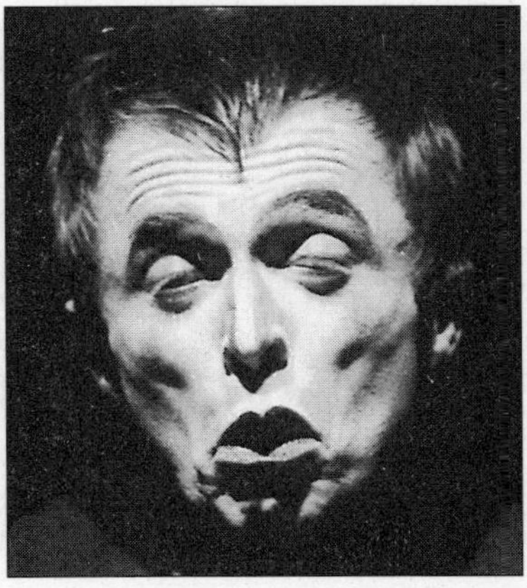
Traurig

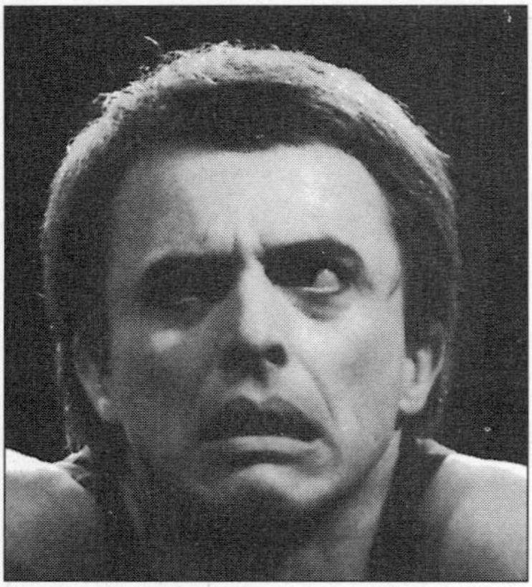

Schwerfällig

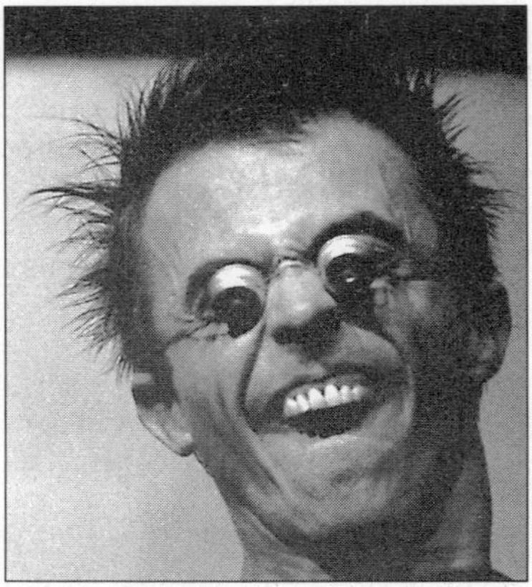

Aufbrausend

Darauf folgt die Frage nach der *Rollenerwartung* (damit wird das erwartete Verhalten eines Menschen bezeichnet, dessen Status bekannt ist):

Wie möchte ich sein?

□ *Unbewußte Selbstdarstellung* Haltung, Ausdruck, Kleidung, Statussymbole	Emotional, intuitiv ausgewählt und dargeboten innerhalb des jeweilig zulässigen gesellschaftlichen Kontext.
□ *Bewußte Selbstdarstellung* Haltung, Ausdruck, Kleidung, Statussymbole	Emotional *und* rational auf die gegebenenfalls zu erwartende gesellschaftliche Situation hin ausgewählt.

Bewußte Selbstdarstellung

Unbewußte Selbstdarstellung

Erst wenn wir uns selbst über unser Rollenverständnis und unsere Rollenerwartung Klarheit verschafft haben, können wir

- *eine formelle Rolle* in einer formellen Gruppe (Zusammenkunft verschiedener Individuen zu einem bestimmten Anlaß, wobei Rollenverhalten und -erwartungen nicht sonderlich strukturiert sind), oder
- *eine informelle Rolle* in einer informellen Gruppe (hier sind Gruppenziele und Rollenverteilungen klar erkennbar)

übernehmen und ausfüllen.

Kleidung und Haltung, wie sie von Fans erwartet werden.

Techniken der Selbstdarstellung

Wie der Schauspieler auf der Theaterbühne, der in eine von ihm übernommene Rolle schlüpft und sie »darstellt«, so spielen wir auf der Bühne des Alltags Rollen und stellen diese dar. Im Theater sind die Rollen vom Autor, dem Intendanten und dem Regisseur verteilt; im täglichen Leben dagegen wechseln wir ständig unsere Rollen, stellen uns in ihnen selbst dar und arbeiten daran, Rangordnungen herzustellen. Wir tun dies mit folgenden Techniken, Hilfsmitteln und Handlungsmustern:

Auf elegante Weise beherrscht David Bowie die Techniken der Selbstdarstellung.

Haltung
Größe und Haltung.

Gestik, Mimik
Ausmaß der Gestik, Kontrolle, dynamischer zeitlicher Ablauf.

Kleidung
Be-Kleidung, Ver-Kleidung.

Statussymbole
- Schminke, Frisur, Schmuck;
- Raumsymbole, wie z. B. Möbel, Gemälde;
- Technik, wie z. B. Autos;
- Insider-Symbole, wie z. B. Embleme auf Taschen, Hemden etc.

Neben diesen äußerlichen Techniken und Hilfsmitteln sind die Interaktionsformen und Handlungsmuster von großer Bedeutung für unsere Selbstdarstellung:

Ich-Sein-Wollen
Betonen von vorhandenen Handlungsmustern (Repertoire und unbewußtes Rollenspiel).

Anders-Sein-Wollen
- Anpasser
- Nachahmer
- Prahler
- Schmeichler
- Witzbold
- Dauerredner
- Diskutierer
- Neo-Primitiver

Wie möchte ich, daß andere mich sehen?

Es stellt sich folgende Frage: Spiele ich meine Rolle oder distanziere ich mich von ihr, zeige ich eine Fassade? Erziehung sowie Konventionsformen und -formalien liefern die Technik zum Errichten von Fassaden. Neben der Funktion als Darsteller sind wir auch gleichzeitig unsere eigenen Autoren, Bühnen-, Masken- und Kostümbildner, und in diesem Multimediatheater – unserem Alltag – führen wir selbst Regie nach dem Prinzip Führen und Folgen, um Einfluß auf andere zu bekommen.
Mit Hilfe von *Sanktionen* wie Belohnung und Lob (= positiv) oder Strafe und Mißbilligung (= negativ) versuchen wir, Verhalten zu beeinflussen und zu korrigieren. Damit lassen wir *Normen,* d. h. Verhaltenszumutungen innerhalb eines bestimmten Rahmens wie Familie, Arbeitsplatz etc. verbindlich werden.

Alltagsdramaturgie

Jede Szene, jeder Handlungsverlauf, verläuft nach dem simplen dramaturgischen Konzept *Anfang* (die handelnden Personen stellen sich vor), *Höhepunkt* und *Ausklang* an einem bestimmten Ort, zu einer bestimmten Zeit und mit einer gewissen Thematik, was uns dazu verhilft, mit ausgewählten Techniken und Mitteln etwas bestimmtes zu erreichen.

Alltagsdramaturgie: Die Gesten werden orts- und zeitgleich (unmittelbar und direkt)...

... unbewußt oder bewußt empfangen, entschlüsselt (dekodiert) und gesendet.

Gleichzeitig tauschen die Partner durch ihre Körperhaltung und Raumaufteilung unbewußte Reaktionen und Mitteilungen aus...

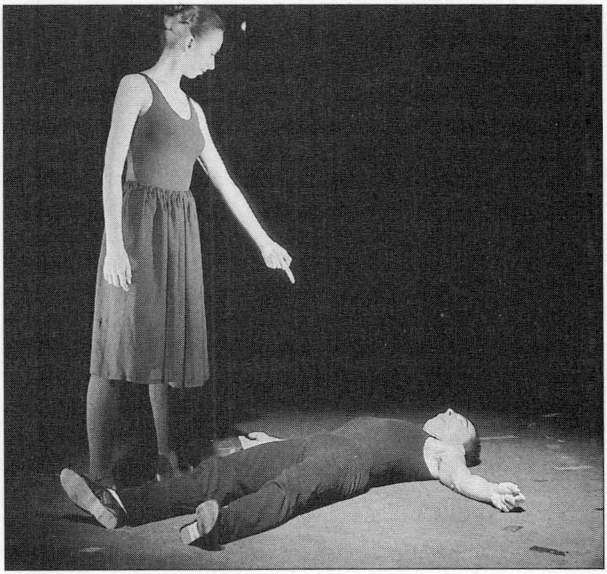

... ein Rollentausch (Kommunikator/Rezipient) ist möglich, bewußtes und unbewußtes Handlungsecho (Feedback) findet statt – »das gewünschte Verhältnis zueinander in dieser Situation wird dokumentiert«.

Jede Äußerung unterliegt also bestimmten Gesetzmäßigkeiten und erreicht durch die gewählte Ausdrucksform (= Übereinstimmung von Wollen und Aussage) ihre erwünschte oder unerwartete Wirkung.
Ausdrucksformen, bewußt eingesetzt, lassen den bloßen Akteur einer Handlung zum Regisseur werden. Regisseure, im Alltag oder im künstlerischen Bereich, sind zuallererst gute Menschenbeobachter, die dann die gemachten Erfahrungen gezielt umsetzen. Das bedeutet, sie können Bewegungen bewußt so einsetzen, daß sie den »Mitspieler« direkt und nur in dessen Unterbewußtsein beeinflussen. Am offensichtlichsten ist dies bei Zauberkünstlern der Fall, die ihre Partner durch Ablenkungsmanöver – vorhandene Stimmungen werden durch andere abgelöst – auf eine andere Fährte führen. Aber auch jeder andere Mensch verfügt über ein Repertoire nonverbaler Zeichen, das er gezielt einsetzt, um sich Rollenvorteile zu verschaffen; d. h. die Bewegungen werden bewußt so ausgeführt, daß sie unbewußt wirken. Schauen Sie einmal intensiv in eine Richtung – andere werden es sofort ebenfalls tun. Und wer kennt sie nicht, diese kleinen oder großen alltäglichen Ablenkungsversuche z. B. in der Werbung, die eben auch ein Teil der sichtbar gewordenen Bewegungen des Geistes sind. Jeder Bewegungsfreiheit sind durch die Bewegungsfähigkeit (angeborenes, angelerntes, anerzogenes Bewegungsvermögen) und dem gesellschaftlichen Rahmen Grenzen gesetzt, die allein durch Bewegungs*übungen* erweitert werden können.

Schauen Sie einmal intensiv in eine Richtung...

... die anderen werden Ihrem Blick folgen.

Eine aussage-kräftige Werbung, die anspricht.

Der Bewegungsraum wird zum einen durch Verinnerlichung von Bewegungshandlung – z. B. Bewegung wird zum Gedanken abstrahiert: »Wer anderen eine Grube gräbt, fällt selbst hinein« – und zum anderen durch direkte Äußerung von innerer Bewegung vergrößert, z. B. »Ich könnte Euch alle umarmen«. Tröstlich bleibt, daß nicht jeder Gedanke aufgrund der von Person zu Person verschiedenen Bewegungsfähigkeit umgesetzt werden kann, denn man stelle sich das einmal vor: Wäre jede denkbare Handlung tatsächliche Handlung, so wäre die Welt ein Chaos.

Was ist nonverbale Kommunikation?

Nonverbale Kommunikation ist die unvermittelte und/oder vermittelte Verständigung zwischen den Lebewesen mit allen nichtsprachlichen Mitteln. Jede gesprochene, geschriebene oder anderweitig gestaltete Information enthält immer auch nonverbales Material.
Nonverbale Kommunikation kann jedoch auch ein selbständiges, von der Wortsprache unabhängiges Verständigungssystem sein. Die Auflistung des Zeichenmaterials macht deutlich, daß alle nonverbalen Informationen mehrdeutig sind. Eine präzise Auslegung kann nur durch Worterklärungen erreicht werden. Beispiel: Mit dem Körper können wir nicht sagen: »Die Sonne scheint.« Wir können lediglich das Gefühl über diese Tatsache zum Ausdruck bringen, das aber auch aussagen könnte: »Ich bin glücklich verliebt.« Oder, bezogen auf die Lautsprache: Eine gepfiffene Melodie kann gute Laune bedeuten, eine Botschaft sein, eine ironische Anspielung usw.
Nonverbale Kommunikation findet auf verschiedenen Ebenen statt:

Nonverbale Kommunikation ist Lautsprache

Im Körper
Organische Geräusche wie Magenknurren, Husten oder Herzklopfen teilen etwas über den »Produzenten« mit (ich habe Hunger, eine Erkältung, bin aufgeregt u. ä.).
Gestaltete Geräusche wie das Summen oder Pfeifen einer Melodie drücken die Gemütslage aus. Beim Sprechen achten wir auch mehr oder weniger bewußt auf die Intonation: Stimmlage, Lautstärke, Betonung, Sprechtempo und Sprechdauer etc., die uns Mitteilung über die Person gibt, welche hinter der verbalen Information steht.

Am Körper gibt es eine breite akustische Mitteilungsskala: Laute, die der ganzen Gefühlsskala »Untermalung« geben: sich kratzen, schlurfen, stampfen, mit den Händen klatschen.

Weg vom Körper wird Lautsprache zur vermittelten Kommunikation, wenn wir beispielsweise jemandem eine Schallplatte schenken oder mit der Autohupe Signale geben.

Nonverbale Kommunikation ist Objektsprache

Im Körper
In den Nervenzellen oder in der Phantasie (intrapersonale Kommunikation) entwickeln wir einen Spürsinn bzw. Pläne für Objekte.

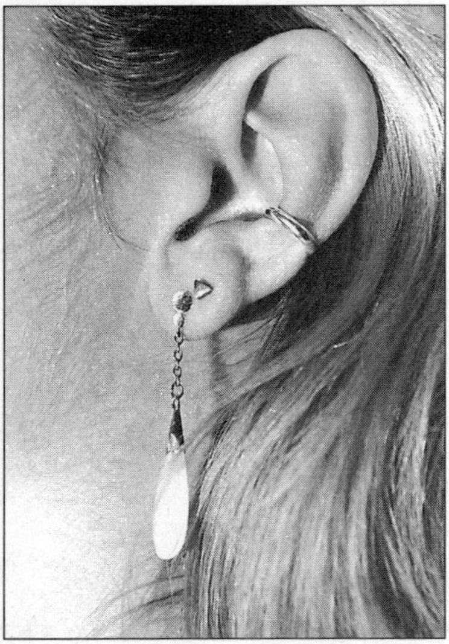

Am Körper
benutzen wir Objekte, die der Selbstdarstellung dienen (Schmuck etc.), oder der Körper selbst wird als Objekt behandelt und demgemäß gestaltet.

Weg vom Körper
Mit Stein, Holz, Metall u. ä. strukturieren und gestalten wir in Form von Architektur und Kunst Lebensräume. Mit Designobjekten (Autos, Möbel etc.) sagen wir etwas über unseren Status und unsere Weltanschauung.
Objekte verstärken, vermitteln und bezeugen Kommunikation. Die menschliche Phantasie schuf ein vielseitiges Arsenal von Objekten, um Leben zu schaffen, zu erhalten und zu vernichten.

DEAD

Nonverbale Kommunikation ist graphische Zeichensprache

Im Körper
Im Unterbewußtsein, z. B. im Traum und in der Phantasie, »sehen« wir Farben und Ornamente. Farben haben einen hohen Symbolwert, und der anatomische Aufbau des menschlichen Körpers bestimmt das Umweltdesign während unseres ganzen Lebens.

Am Körper
Beispielsweise kann man sich mit Tätowierung selbst gestalten oder anderen eine Information geben. Das Gesicht wird aus sakralen, profanen, mystischen oder theatralischen Gründen geschminkt.

Weg vom Körper werden Farben und Linien benutzt, um Verhalten zu erforschen (Farbtests, psychologische Tests) oder zu signalisieren (mit heller oder dunkler, bunter oder einfarbiger Kleidung). Dies geschieht der jeweiligen Stimmung entsprechend oder um sie zu steuern (Hinweisschilder, Gebots- und Verbotsschilder).

Kommunikation ist Bewegung

Was ist Bewegungskommunikation?

Anfang, Entwicklung und Sicherheit des menschlichen Lebens sind vom Miteinander abhängig. Ob der Mensch ein Wort sprechen oder einen Satelliten ins All schicken möchte – am Anfang ist die Bewegung, das Grundelement der Interaktion, der unvermittelten wie auch vermittelten Kommunikation. Aus zweierlei Gründen muß der Mensch kommunizieren. Zum einen zwingen ihn seine geringen natürlichen Fähigkeiten dazu, mit den inneren und äußeren Problemen fertig zu werden; zum anderen sind folgende kommunikativen Voraussetzungen latent vorhanden:

- □ Körper (Materie und Material),
- □ Anlagen (biologische Faktoren),
- □ Umwelt (antropologische Faktoren),
- □ Beweggrund (Motivation),
- □ Absicht (Intention),
- □ Erwartung.

Dieses fortwährende Bewegtsein durch innere und äußere Reize wird mittels emotionalem und vor allem geistigen Transfer auf die Bewußtseinsebene zum Bedürfnis, das nach Befriedigung durch Handeln sucht. So imitieren wir Natur und erfinden Neues. Jeder direkte Kommunikationsvorgang beginnt im

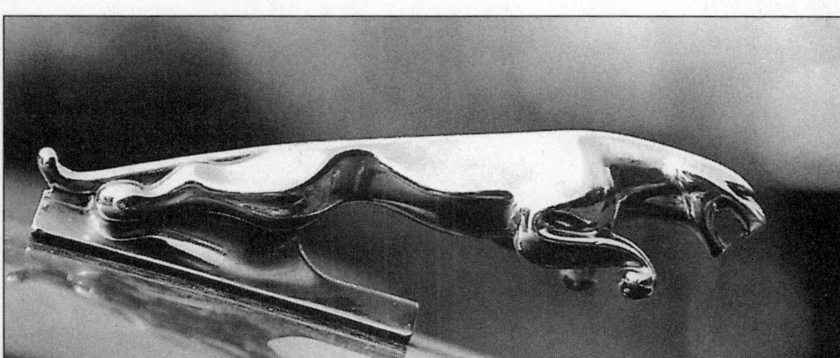

uns selbst (intrapersonale Kommunikation), d.h. mit der Bewegung unserer Gedanken, mit Worten, begleitenden Gesten und mit Mimik. Wir sind in einer Person Sender (Kommunikator) und Empfänger (Rezipient), bevor wir uns mit einer oder mehreren Personen verständigen.

Kommunikatives Handeln

Kommunikatives Handeln ist das Erwerben, das aktive Suchen und das passive Erwarten sowie Veräußern des Kommunikationsmaterials Bewegung und das Reagieren und Entscheiden. Die Elemente des Agierens sind:

- Sprache und Laute,
- unwillkürliche und willkürliche Bewegungen.

So wie aus Buchstaben und Wörtern Sätze gebildet werden, sind Gestik und Mimik Zeichen der Selbstdarstellung, Rolle und Status sowie Mitteilung. Jeder Handlungsablauf besteht aus:

- Bewegung,
- Anhalten,
- Bewegung.

Allein im *Tanz* gibt es ein anderes Bewegungsbild. Dort werden die Zwischenräume zwischen Bewegung – Anhalten – Bewegung rhythmisch, musikalisch gefühlt und gefüllt. Selbst wenn keine Musik zu hören ist, im Kopf oder Bauch, geistig und gefühlsmäßig und damit auch körperlich spürbar, geht der Tanz auch während des vermeintlichen Stillstandes, der Pose, weiter. Die eine Bewegung »klingt« im Körper aus, während die nächste schon stimmungsmäßig vorbereitet wird. Durch diese wellenartigen Impulse bekommt die tänzerische Bewegung etwas Zusammenhängendes, Fließendes. Selbst wenn man Tänze sieht, die aus harten, scheinbar unzusammenhängenden, dynamischen Akzenten bestehen, die »Musik« *im* Tänzer überträgt sich auf den Muskelsinn und das Bewegungs-»Gedächtnis« des Zuschauers und wird durch dieses impulsive Mitvollziehen der musischen Bewegungselemente auch für ihn zum Tanzerlebnis. Das eigentlich Tänzerische ist also im Grunde das, was zwischen den Bewegungen liegt. Die sichtbare tänzerische Handlung ist eine abstrahierte Alltags- und Absichtshandlung und in manchem Sinne auch Ersatzhandlung z.B. für elementare Beziehungen wie Sexualität oder Kampf. Durch die Bestandteile Abstraktheit (Vergeistigung), Rhythmus (Sinnlichkeit) und Bewegung (Körperlichkeit) ist Tanz eine dem Menschen naturgegebene zusätzliche Bewegungsdimension, in der er sich in harmonischer Weise ganzheitlich erleben und bis zur Ekstase gefahrlos ausleben kann. (Der unbehinderte und gesunde Körper tanzt nur bis zur lustbedingten Erschöpfung.)
Durch das menschliche Verhalten – das ist die optimalste ganzheitliche (Körper-Seele-Geist) Augenblicksleistung mit verschiedenen Ursachen – werden die einzelnen Segmente einer Handlung inhaltlich verbunden.

Ziele der Bewegungskommunikation:

- *Bewegungszeichen erkennen:* sich der Sinne bewußt werden und die Sinnesfähigkeiten in stärkerem Umfang nutzen;
- *den Körper beherrschen:* das Zeichenmaterial Bewegung sinnvoll in der Vielfalt der eigenen Anlagen und Fähigkeiten gebrauchen und aktualisieren;
- *die Ausdrucksfähigkeit erweitern:* sich in seiner gegenwärtigen Rolle kompetent ausdrücken.

Damit können wir uns besser mitteilen und leichter verständigen.

Schema eines Kommunikationsverlaufs

Vom Erkennen bis zum Umsetzen des Kommunikationsmaterials sehen die Stadien eines Kommunikationsverlaufs etwa wie folgt aus:

Reflexionsphase
Ein Vogel, der fliegt, vermittelt das Gefühl von Leichtigkeit. Sobald man über dieses Gefühl nachdenkt, wird bewußt, daß der Vogel fliegen kann und der Mensch nicht.

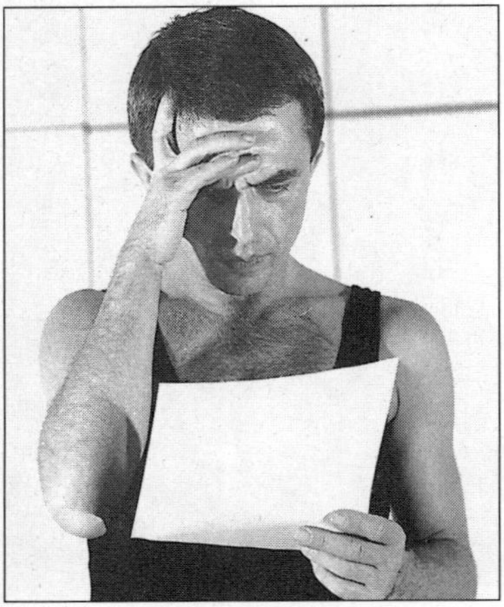

Entscheidungsphase
Das geistige Vermögen, Selbstbewußtsein und Wollen, kann den Vogelflug abstrahieren, in Formeln umsetzen.

Sozialebene

Aus diesen Formeln werden wieder Bewegungen, ein Motor, der dem Menschen zum Flug verhilft.

Der Mensch kann also durch seine Denkfähigkeit abstrahieren (aus diesem Grunde z. B. auch über einen Witz lachen) und mittels Informationstechniken die Kommunikationsebenen von der unvermittelten zur vermittelten erweitern. Mit Hilfe von Satelliten kann man heute rund um die Erde miteinander sprechen.

Zurück zur Körpersprache: Die Kombination von Instinkt und Berechnung, dem Erkennen von Unzulänglichkeiten und die ständige Kommunikationsbereitschaft machen den Menschen anpassungs- und überlebensfähig. Ein Kommunikationsstillstand ist also nur tendenziell möglich. Selbst wenn wir uns auf sprachlicher Ebene verweigern, so »sagen« wir uns das, was wir nicht in Worte fassen können oder wollen, durch die Körpersprache.

Durch bloße Anwesenheit, d. h. durch personal und situational bedingte Prädisposition wird Kommunikation in Gang gesetzt, da der Mensch durch die genannten biologischen und anthropologischen Voraussetzungen immer auf Senden und Empfangen eingestellt ist.

Automatische Verständigung ohne Worte.

Spiegelgleiches Verhalten. Hier läuft die Kommunikation über andere Kanäle.

Positiver verbaler Kommunikationsstillstand ist manchmal bei einem gut eingearbeiteten Team oder bei einer langjährigen Partnerbeziehung zu beobachten. Dieser sprachliche Kommunikationsstillstand wird jedoch ausgeglichen durch andere stimmliche oder bewegungsmäßige Äußerungen, die bis ins Unbewußte zu oft spiegelgleichem Verhalten führen können.

Kommunikationsmodell (nach George Gerbner)

Die Vielfalt und Gleichzeitigkeit des meist auf zwei Ebenen – Bewußtsein und Unterbewußtsein – zu verarbeitenden Kommunikationsmaterials, z. B. die rationale eindeutige Form der Sprache sowie der mehrdeutige emotionale Körperausdruck, und die übrigen nonverbalen Zusatzinformationen erschweren eine Analyse und Auswertung im Moment des Geschehens. Darin liegt aber auch die Chance, der totalen Manipulation zu entgehen.
Um Kommunikationsabläufe wenigstens ansatzweise und strukturell erkennen und verstehen zu können, werden im folgenden Wortmodelle aus dem Bereich der Kommunikationstheorie in Bewegungsbilder übersetzt. Solche Modelle sind zu vergleichen mit Luftaufnahmen einer Landschaft. Einzelheiten werden zwar undeutlicher, generelle Zusammenhänge aber um so übersichtlicher.
Das folgende Modell soll die organisatorische Funktion und den Ablauf darstellen, des weiteren zu neuen Entdeckungen und Einsichten führen: »Wie kommuniziere ich und andere mit anderen.« – Vielleicht lassen sich hieraus Rückschlüsse auf ähnliche Situationen ableiten.

Erste Phase: präkommunikative Phase

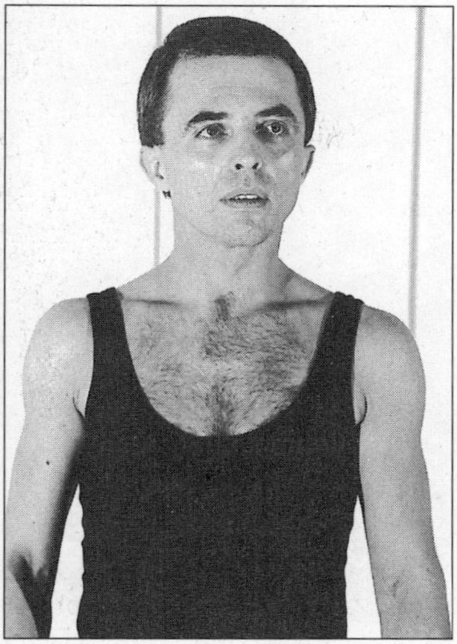

Jemand ...

... nimmt ein Ereignis wahr ...

Zweite Phase: eigentliche kommunikative Phase

... und reagiert ...

... in einer Situation ...

. . . durch einige Kanäle, . . .

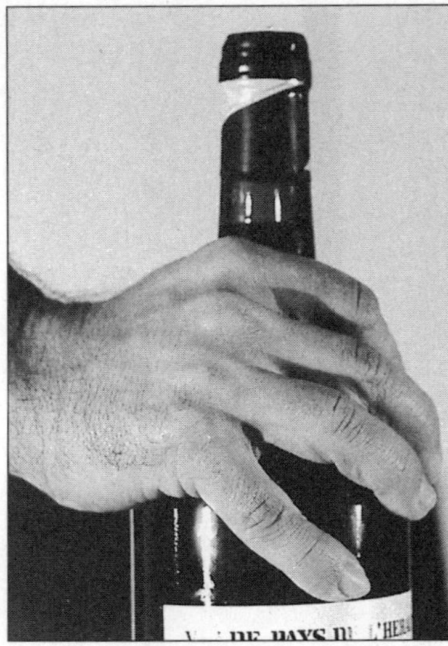

. . . um Kommunikationsstoffe verfügbar zu machen, . . .

. . . die in Form von Kontext . . .

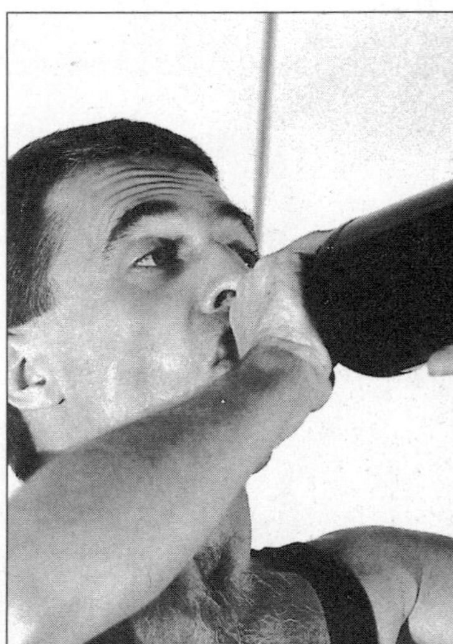

. . . einen Inhalt vermitteln, . . .

Dritte Phase: postkommunikative Phase

... der etwas zur Folge hat.

Kommunikation zwischen zwei Personen

Im Bereich der Körpersprache kann diese Form bewußt oder/und unbewußt ablaufen.

Der Sender (Kommunikator)

formuliert (kodiert) die **Aussage,** indem er Gedanken, Gefühle, Inhalte und gestisch-mimische Zeichen auswählt,

die er mit Bewegungen (Kanal) nach bestimmten Regeln auf seine Art und Weise **sendet.**

Der Empfänger (Rezipient)

filtert und erkennt (dekodiert) sie mittels Einschätzungsfähigkeit und Toleranz, indem er die Ausage aussucht, die er wahrnehmen möchte, er

interpretiert sie

und **entscheidet** über den Rollentausch (er wird zum Sender).

Ein solches Verhalten ist nur dem Menschen möglich, denn nur er kann zwischen verschiedenen Modalitäten wählen, nämlich aufgrund von

- Gewohnheit (habitualisiertes Verhalten),
- Gefühlen (emotional bedingtes Verhalten), und/oder
- selbstverständlich gewordenen Regeln (internalisierte Normen).

Wird z. B. gleichzeitig gesprochen, setzt er die Körpersprache als zusätzliches Kommunikationsmittel ein.

Deutung der Körpersprache

Körpersprache und ihre Bedeutung im Gespräch zwischen zwei Personen

Bevor Sie sich mit der nachstehenden Übersicht und dem anschließenden Praxisteil beschäftigen, bedenken Sie bitte folgendes:

- In jedem Dialog gibt es *unbewußt und bewußt* gesendete Körperzeichen und -signale.
- Die Körpersprache ist nur ehrlich, wenn sie unbewußt erfolgt und mehrere – mindestens zwei – Zeichen in die gleiche Richtung deuten. Beim »Weinen« wird beispielsweise durch die Körperhaltung deutlich, ob es Tränen der Trauer oder der Freude sind. Beim gegenüberliegenden Bild (»Entsetzen«) sind durch den Ausschnitt die übrigen körpersprachlichen Zeichen nicht erkennbar. ROLF H. RUHLEDER spricht in diesem Zusammenhang von der sog. »Bewegungstraube« (*Rationale Hauswirtschaft* XXIII, 5/86, 21).

Diese »ehrliche Körpersprache« ist am deutlichsten in Ausnahmesituationen zu erkennen, in denen es keine Bedenkzeit gibt, z. B. bei starken emotionalen Ereignissen, bei einem spontanen Treff oder bei einer Rede aus dem Stegreif. Die Bedeutungsübereinstimmung mehrerer Informationen in eine Richtung läßt sich mit Hilfe der Glaubhaftigkeitsskala (s. Seite 49) gut überprüfen. So kann man beispielsweise darauf achten, ob die Arm- und Beingesten ausdrucksmäßig übereinstimmen. Unbewußt gestikuliert der Mensch mit Arm- und Beingesten stimmungsmäßig synchron. Eine ehrliche Freude drückt sich demnach ganzheitlich vom Kopf bis zur Sohle aus.
Andere nonverbale Widersprüche drücken sich auch durch eine zu laute Stimme aus bei gleichzeitig verspannter Körperhaltung, z. B. bei einem Vorstellungsgespräch. Ein solcher Kontrast deutet wie das Pfeifen im dunklen Wald auf Angst und Unsicherheit hin. Manche Menschen versuchen, ihre Angst hinter lässigen Gesten zu verstecken, sprechen aber womöglich zu undeutlich oder hinter vorgehaltener Hand.

Hier sagen die Armgesten etwas anderes aus als die Beingesten. Dekken Sie einmal die obere Bildhälfte ab. Der Fotograf verlangte von seinem Modell in dieser Szene: »Spiele spontan eine freudige Begrüßung.« Wäre die Szene geprobt, hätte der Regisseur auch die Beinhaltung korrigiert und das Schauspiel wäre perfekt.

Das wechselnde Beobachten von Ober- und Unterkörper, das Gespür für Distanzzonen (s. hierzu Seite 20) und das Heraushören stimmlicher Nuancen kann dazu beitragen, herauszufinden, ob der Gesprächspartner die Körpersprache als Manipulationsinstrument einsetzt.
Im Extremfall, wie bei Verhören, werden zur Wahrheitsfindung deshalb häufig Störmanöver eingebaut, um den Beschuldigten zu einer spontanen und damit ehrlichen Aussage zu zwingen. Mehr oder weniger verschleiert wenden diese Praxis auch Vorgesetzte mit ihren Untergebenen, Lehrer mit ihren Schülern und andere, in Machtpositionen sich befindende Personen an. Aufgrund ihrer besonderen Stellung dringen sie ganz unvermittelt in die Distanzzonen des anderen ein, verursachen ein unerwartetes Geräusch oder machen eine plötzliche, vom Gesprächspartner unerwartete Bewegung.
Ein wahrnehmungstrainierter Mensch kann diese Techniken jedoch schnell durchschauen und adäquat darauf reagieren. Er läßt sich so schnell kein X für ein U vormachen und erkennt, ob die Aussage seines Gegenübers ehrlich gemeint ist, oder ob durch die Körpersprache das gesprochene Wort aufgehoben oder gar zur Lüge wird.

Wovon ist Körpersprache abhängig?

- *Körpersprache ist von den anatomischen Voraussetzungen abhängig.* Wie oft hat man z. B. den Eindruck, daß eine aufrechte Haltung auch auf Selbstsicherheit hindeutet, bis man durch andere zusätzliche und mehrere in gleiche Richtung deutende Informationen eines Besseren belehrt wird. Durch die Anatomie ist die Körpersprache in ihrem Ausmaß und auch in den Ausdrucksvarianten vorstrukturiert. Da alle Menschen über ähnliche Bewegungserfahrungen verfügen, werden die Zeichen, auch wenn sie analogen, mehrdeutigen Charakter haben, im allgemeinen verstanden, solange unbewußt gesendet wird.
- *Körpersprache ist vom individuellen Typ abhängig.*
- *Körpersprache ist davon abhängig, ob jemand introvertiert oder extrovertiert ist.*
- *Körpersprache ist abhängig vom Geschlecht.* Frauen und Männer bewegen sich nicht nur wegen ihrer unterschiedlichen Anatomie verschieden, sondern auch, weil sie durch die Erziehung ein anderes Rollenverhalten und -verständnis haben.
- *Körpersprache ist abhängig von der jeweiligen Umgebung.* In der Kirche ist das Verhalten anders als in der Diskothek, in einem Aufzug oder auf einem Berggipfel.
- *Körpersprache hat eine Ausdrucks- und Funktionsbedeutung.* Das Zukken eines Augenlides kann seelische Nervosität bedeuten, aber auch, daß ein Fremdkörper im Auge dieses Zucken hervorruft. In der Übersicht werden nur die Bedeutungen der Ausdrucksebene genannt; so bedeutet z. B. das Verschieben des Kopfes Aufmerksamkeit, Zuneigung oder Aggression. Von der Funktionsebene aus betrachtet kann es sich aber auch um eine Haltungsgewohnheit oder einen Schmerz der Nackenmuskulatur handeln.
- *Körpersprache wird geprägt von körperlich-seelisch-geistigen Angewohnheiten und Leiden.*
- *Körpersprache ist abhängig vom Bewegungstempo und von der Bewegungsenergie.* Eine Armgeste weg vom Körper, zum Beispiel ein Streicheln, kann durch die Veränderung von langsam zu schnell und von schwach zu stark zur Ohrfeige werden.

Achten Sie also auf diese genannten Mit-Beweggründe und richten Sie Ihr Augenmerk darauf, ob mehrere Körperzeichen dasselbe bedeuten. Taxieren Sie nicht oberflächlich nach einem Schema, sondern beschäftigen Sie sich intensiv mit all Ihren Sinnen mit Ihren Mitmenschen. Es gilt immer, unterschiedliche Informationen einfühlsam zu registrieren und zu verarbeiten, um zu einer möglichst genauen Meinung zu kommen. Auf diese Weise bedeutet ein solches Kennenlernen auch eine große Selbsterfahrung.

Bedeutung und Aussage von Körpergesten und -bewegungen

Kopf, Hals

Verschiebung:	
– nach vorn	Aufmerksamkeit, Zuneigung oder Aggression
– nach hinten	Abwarten, Skepsis
Drehung:	
– hin zum Partner	Aufmerksamkeit, genaueres Zuhören
– weg vom Partner	Unaufmerksamkeit
Neigung nach vorn:	
– schnell	Angst, Wut, Unsicherheit
– langsam	Demut, Trauer, Suchen
Neigung nach hinten:	
– schnell	Widerstand
– langsam	Zweifel
Neigung zur Seite:	
– schnell	skeptisches Interesse
– langsam	Ungläubigkeit, Selbstgefälligkeit

Mischformen

Z. B. Seitwärtsneigen und Drehung zum Partner: Wohlwollen.
Bewegungen nacheinander, z. B. Vorwärts-Rückwärts-Neigen: Bejahung oder Verneinung.

Mehrere unterschiedliche Bewegungen, z. B. Drehen und Neigen, können die Bedeutung auch vermischen. Mehrfache gleiche Bewegungen verstärken und bestätigen die oben genannten Bedeutungen.

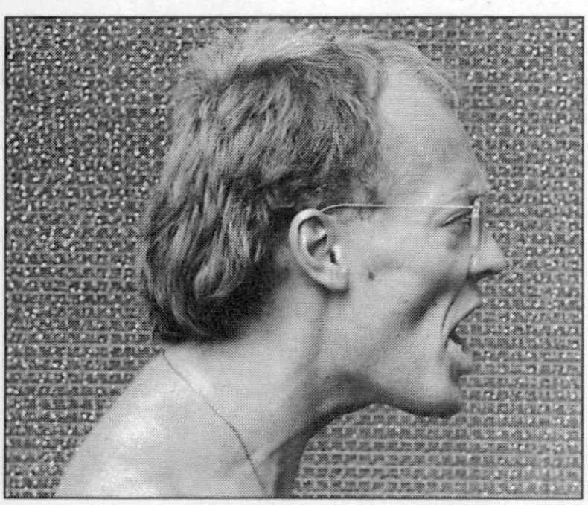

Kopfverschiebung nach vorn: Aggression.

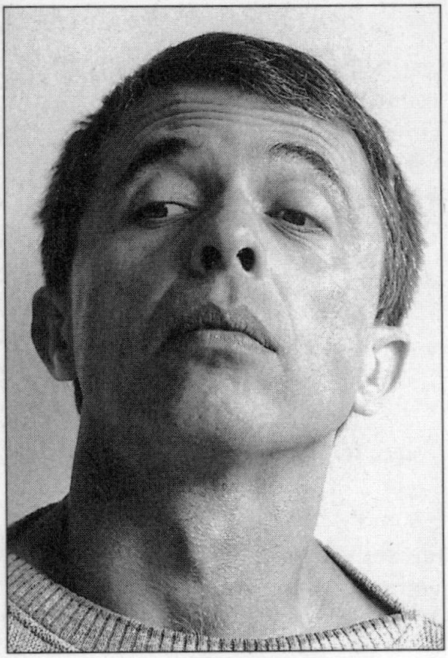

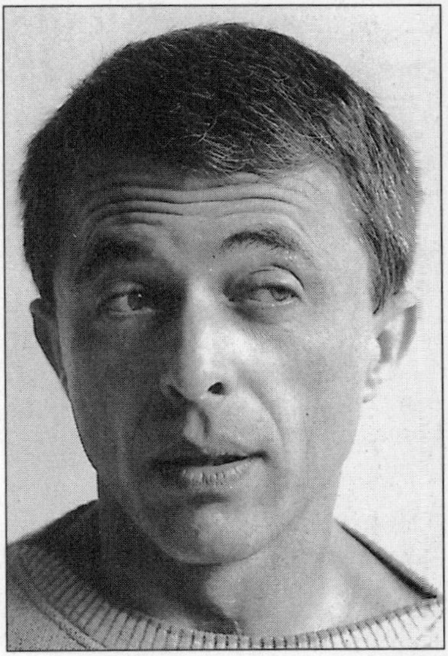

Hochgezogene Augenbrauen: Überheblichkeit . . . *. . . oder Ungläubigkeit.*

Augen, Augenlider, Augenbrauen

Blickrichtung der Augen:	
– gerade	Bereitschaftshaltung oder Interesse
– nach unten	Konzentration, inneres Abschalten oder Unsicherheit
– nach oben	einen Ausweg oder in der Erinnerung suchen
– ins Leere	mit den Gedanken woanders sein
Augen wandern (mit entsprechender Kopfhaltung):	
– von oben nach unten	Überheblichkeit
– von unten nach oben	Angst
Blickkontakt:	
– lang	Interesse oder Zudringlichkeit
– kurz	Schüchternheit oder Unsicherheit
– wechselnd	woanders sein wollen
– fehlt	Konzentration, Angst oder Überheblichkeit

Augenlider:	
– weit geöffnet	Angst, Suggestion
– normal	Bereitschaftshaltung
– gesenkt	Aufmerksamkeit, Langeweile oder Bescheidenheit
– oft bewegt	Nervosität
Augenbrauen:	
– hochgezogen	Überheblichkeit, Ungläubigkeit oder Entsetzen
– zusammengezogen	Zorn

Mund, Lippen, Zunge

Mund:	
– wenig geöffnet ohne Sprache	Staunen oder möchte etwas sagen
– wenig geöffnet mit Sprache	Unsicherheit oder Bescheidenheit
– weit geöffnet ohne Sprache	Schrecken oder Freude
– weit geöffnet mit Sprache	starkes Selbstbewußtsein
Mundwinkel:	
– beide in entspannter Linie	Bereitschaftsstellung
– beide hochgezogen	Freude
– beide nach unten gezogen	Depression
– eine Seite nach unten gezogen	Verachtung oder Zynismus

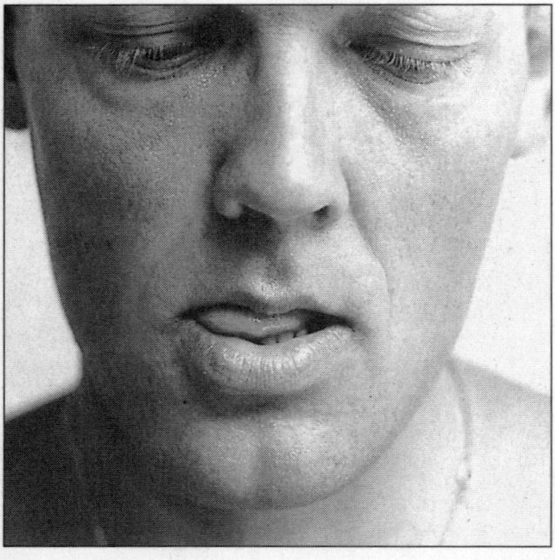

Zungenspitze an der Oberlippe: starke Konzentration.

Lippen:	
– geschlossen, ohne Spannung	Bereitschaftsstellung
– zusammengepreßt	Verschlossenheit, Aggression oder Konzentration
– kauen	Nervosität, Nachdenklichkeit, Zögern
– hochgezogene Oberlippe	Verachtung
– hochgezogene Unterlippe	Zweifel
– Oberlippe über die Unterlippe oder Unterlippe über die Oberlippe geschoben	Enttäuschung
– auf die Ober- oder Unterlippe beißen	Schüchternheit, Angst
Zungenspitze an der Oberlippe:	Starke Konzentration

Alle anderen Zungenbewegungen hängen unmittelbar mit Körperfunktionen zusammen oder werden bewußt eingesetzt für das Sprechen, Pfeifen, Schnalzen, Singen, für erotische Signale oder Beleidigungsgesten.

Schultern

Eine Schulter hochgezogen:	möchte fragen
Beide Schultern hochgezogen:	Scham, Angst oder Nervosität
Eine Schulter hängen lassen:	starker Zweifel

Er möchte etwas fragen.

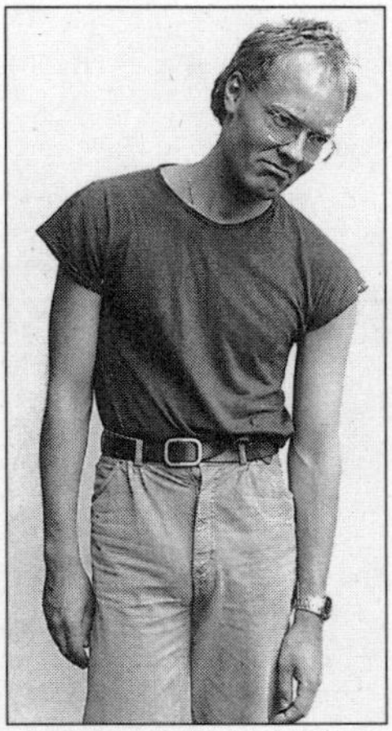

Starker Zweifel.

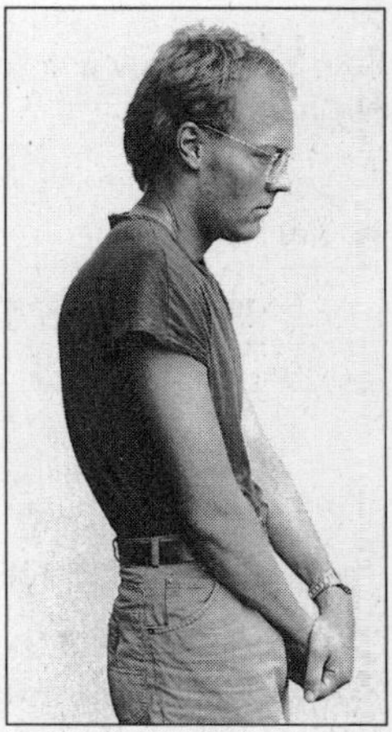

Enttäuschung.

Vorbereitung zum Angriff.

Ausdruck der Verschlossenheit.

Beide Schultern hängen lassen:	Enttäuschung oder Mutlosigkeit
Eine Schulter nach vorn geschoben:	Aufforderung oder Abwehr
Beide Schultern nach vorn geschoben:	sucht Hilfe oder verschließt sich
Eine Schulter zurückgeschoben:	Ausweichen oder Angriff vorbereiten
Beide Schultern zurückgeschoben:	Imponierpose

Arme

Überwiegend gestreckte Armbewegungen:	Hemmungen oder Verspannungen
Überwiegend gebeugte Armbewegungen:	Selbstsicherheit, Lässigkeit oder Unsicherheit

Weite Armgesten:	Selbstsicherheit oder Großzügigkeit
Enge Armgesten:	Unsicherheit, Bescheidenheit, Geiz
Verschränkte Arme: – vor dem Körper – auf dem Rücken	 Gelassenheit oder Verschlossenheit Angst oder Unsicherheit
Armbewegungen weg vom Körper:	Offenheit, Abwehr, Angriff oder Zuneigung
Armbewegungen zum Körper:	sich schützen wollen, Unsicherheit oder Selbstgefälligkeit
Mischformen Eine Armgeste zum Körper, die andere weg vom Körper:	 Signal: »Ich möchte, daß du mich berührst.«

Überwiegend gebeugte Armbewegungen: Selbstsicherheit. Der Gesichtsausdruck läßt hier außerdem auf einen gewissen Grad an Selbstgefälligkeit schließen.

Oben links:
Überwiegend gebeugte Armbewegungen: hier ein Ausdruck der Lässigkeit.

Oben rechts:
Enge Armgesten: Geiz.

Rechts:
Bei einer anderen Mimik deuten enge Armgesten, wie hier, auch auf Unsicherheit hin.

Hände, Finger

Offene Hand:	
– zum Körper	Beteuerungsgeste, Selbstgefälligkeit oder Schutz
– weg vom Körper	Offenheit, Abwehr oder Kontakt suchend
Geschlossene Hand (Faust):	
– zum Körper	übertriebene Beteuerung, Selbststrafung
– weg vom Körper	Zorn, verstärkter Angriff, Abwehr oder Anklage

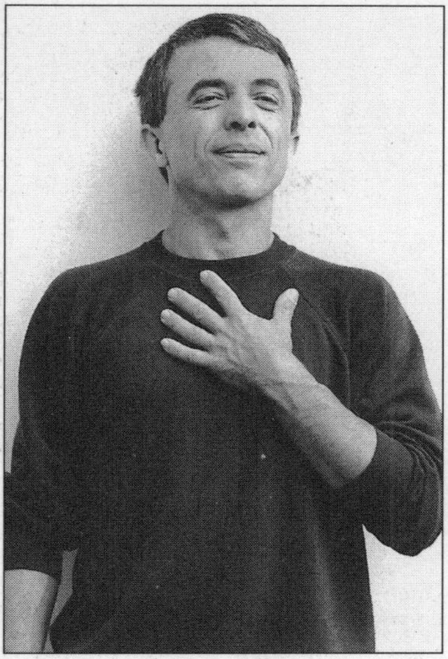

Selbstgefälligkeit

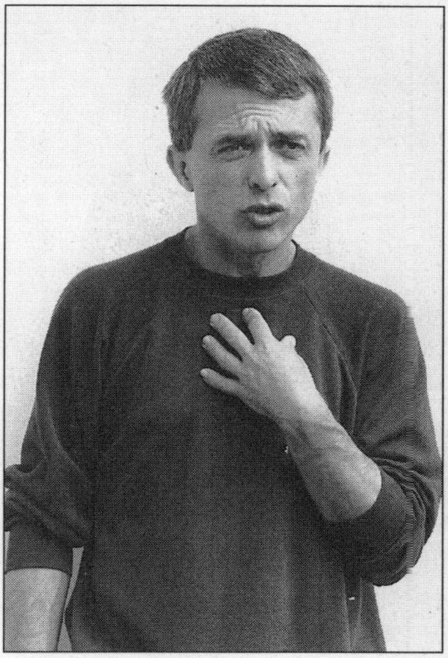

Beteuerungsgeste

Beide Hände zueinander:	
– aneinander reiben	Selbstgefälligkeit
– flach aneinanderhalten	Konzentration oder bittend
– gefaltet	Selbstsicherheit oder Gelassenheit
– »Pistole«	Warnung, Verteidigung
– »Spitzdach«	sich etwas verbitten oder Ungläubigkeit
– Fingerkuppen aneinanderhalten	äußerste Konzentration
Handposen am Körper:	
– Einstützen der Faust	Wut oder Imponiergeste
– Einstützen mit flacher Hand	starkes Selbstbewußtsein
– Verschränken vor dem Körper	Ergebenheit oder Demuts- und Gebetshaltung
– Verschränken hinter dem Körper	Befangenheit oder Arroganz
– Verschränken oberhalb der Gürtellinie	Wohlbehagen
– Verschränken unterhalb der Gürtellinie	Unbehagen

Handposen am Körper: starkes Selbstbewußtsein.

Handgesten an der Oberkörperbekleidung: Unsicherheit.

Handgesten und -posen:	
– an der Oberkörperbekleidung (Hände, Finger in den Hosenträgern eingehakt)	sich stark machend, Unsicherheit
– in der Oberkörperbekleidung (Hände in der Jackentasche, im Hemdschlitz)	Selbstgefälligkeit
– an der Unterkörperbekleidung (Hände krampfhaft an den Stoff »geklebt«)	Unsicherheit
– in der Unterkörperbekleidung (Hände in den Rock-/Hosentaschen)	starke Unsicherheit, Arroganz oder Lässigkeit
– Oberkörperbekleidung öffnen	Entspannung, Wohlbefinden
– Unterkörperbekleidung öffnen	starke Entspannung, Intimsphäre preisgebend
– Handgeste von oben nach unten	Machtbewußtsein
– Handgeste von unten nach oben	Unterwürfigkeit

Hand-Kopf-Kontakte:	
Kinn	
– greifen	nachdenklich
– reiben	nachdenklich und unsicher
– kratzen	starke Zweifel hegend
– stützen	ruhiges Nachdenken oder Müdigkeit
– streicheln	Selbstgefälligkeit
Mund	
– Zeigefinger	Verlegenheit oder Nachdenklichkeit
– Hand vor dem Sprechen	nachdenklich
– Hand während des Sprechens	unsicher
– Hand nach dem Sprechen	nachdenklich oder will das Gesagte zurücknehmen
Nase	
– greifen	Konzentration oder Verlegenheit
– reiben	Zweifel haben
– kratzen	Nervosität
Ohren	
– greifen	sich selbst ertappt haben
– reiben	Verlegenheit
– kratzen	Nervosität

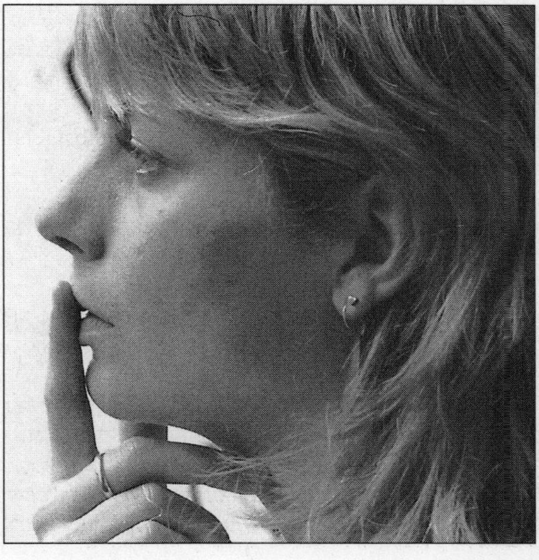

Zeichen der Verlegenheit oder Nachdenklichkeit.

Hand-Kopf-Kontakte *(Forts.):*	
Haare	
– greifen	ist abgelenkt, verspielt
– reiben	Selbstintimität
– kratzen	Ideen suchend oder überrascht sein
Brille	
– langsam aufsetzen	sich auf die Sache konzentrieren
– langsam abnehmen	will das Gespräch beenden
– langsam hochschieben	will Pause einlegen
– schnell aufsetzen	kurz zur Sache kommen
– schnell abnehmen	will das Gespräch schnell beenden
– schnell hochschieben	nervöse Unterbrechung
Hantieren mit Gegenständen:	
– mit dem Stift	Nervosität, Angriff oder sich selbst schützend
– mit dem Papier	Unsicherheit oder Wichtigkeitsgeste
– mit dem Stuhl	starke Unsicherheit
– ständig wechselnd	Fluchtverhalten

Oberkörper und Becken bewegen sich asynchron. Der Händedruck täuscht über die unüberwindbare Distanz hinweg.

Oberkörper

Brustkorb:	
– heben	Imponiergehabe
– senken	Schüchternheit
– nach vorn neigen	Zuneigung, Zudringlichkeit oder möchte etwas sagen
– nach hinten neigen	Abneigung, Gelassenheit
– zur Seite neigen	ausweichen
– Drehung	Unsicherheit, Konzentration, Eitelkeit oder möchte weg
<u>Mischformen</u>	
Nach vorn neigen und dabei senken:	möchte schüchtern etwas sagen

Becken

Gerade Haltung des Beckens:	starkes Selbstbewußtsein oder Verspannung
In eine Richtung verschobenes Becken:	
– nach rechts oder links (Standbein)	selbstsicher, entspannt
– nach vorn	anbiedernd oder Imponiergehabe
– nach hinten	Schüchternheit, Ängstlichkeit oder möchte sich zurückziehen
In eine Richtung verschobene Hüfte:	
– nach vorn	lässige Arroganz
– nach hinten	innerlich Angriff vorbereitend oder Ausweichmanöver andeutend

Beine

Im Stehen auseinander:	
– wenig geöffnet	Selbstsicherheit
– weit geöffnet	Imponiergehabe
Im Stehen eng nebeneinander:	Verspannung, Angst

Beine *(Forts.)*

Im Sitzen auseinander:	
– wenig geöffnet	entspannt, kontrolliert
– weit geöffnet	stark konzentriert
Im Sitzen eng:	
– nebeneinander	angespannt
– übereinander	verkrampft, unsicher
Hierbei kommt es auch noch darauf an, ob der Rücken angelehnt wird oder nicht und ob der Oberkörper vorn aufgestützt wird oder nicht.	
Mischformen	
Beine übereinandergeschlagen:	
– Oberschenkel auseinander	entspannt, selbstbewußt
– Oberschenkel zusammen, Fußspitzen nach außen	verspannt
Im Stehen zum Partner:	
– in geringem Abstand	Kontakt suchend
– in größerem Abstand	Sympathie zeigend
Im Stehen weg vom Partner:	
– in geringem Abstand	möchte weggehen
– in größerem Abstand	möchte schnell weggehen
Im Stehen ein Bein vor das andere stellend:	Selbstsicherheit
Im Sitzen zum Partner:	
– ein Bein gestreckt übereinander	Sympathie zeigend
– beide Beine gestreckt	entspannt
Im Sitzen weg vom Partner:	
– ein Unterschenkel nach hinten	auf dem Sprung sein
– beide Unterschenkel nach hinten	Ablehnung
– Unterschenkel übereinander	starke Anspannung oder Abneigung

Bild rechts:
Gegenläufige Körperhaltung und Mimik lassen eine widersprüchliche Aussage erkennen: Beine / Füße = offen, entspannt / eng, verkrampft; Schulter / Hände = angezogen / eine Hand offen, die andere zurückhaltend, »festhaltend«; Augenbrauen / Mund = zweifelnd / gesprächsbereit.

Füße

Im Stehen:	
– parallel	Aufmerksamkeit
– nach innen gedreht	Unsicherheit
– nach außen gedreht	Selbstsicherheit
– auf der Innenkante	Verkrampfung
– auf der Außenkante	Nervosität
– Ballenstand	Ungeduld, Arroganz
– Fersenstand	fühlt sich sehr unwohl
Im Sitzen:	
– parallel	Aufmerksamkeit
– nach innen gedreht	Unsicherheit
– nach außen gedreht	Selbstsicherheit
– auf der Innenkante	Verkrampfung
– auf der Außenkante	Nervosität
– Ballenstand	möchte aufstehen
– Fersenstand	Ungeduld, Verspannung

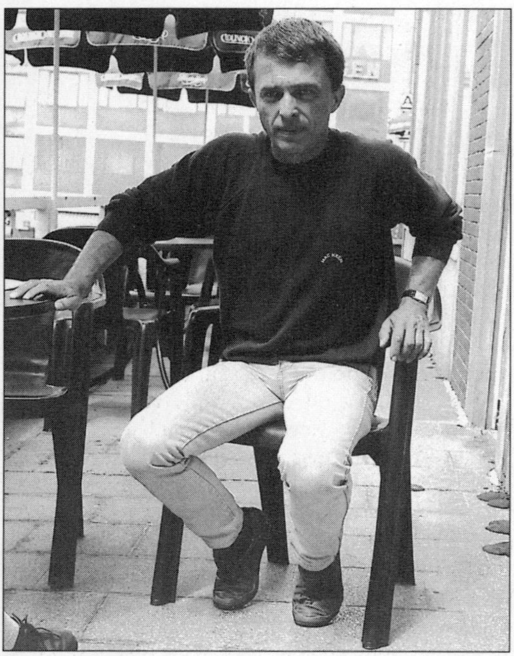

Ballenstand: auf dem Sprung sein.

Mit den Füßen wippen: – im Stehen – im Sitzen	 Überheblichkeit, Ungeduld Nervosität
Fußspitzen übereinander:	entspannte Sympathie
Fersen übereinander:	ist gelangweilt

Auch hier kommt es noch darauf an, ob die Person den Rücken anlehnt oder nicht und ob der Oberkörper nach vorn aufgestützt wird oder nicht.

Gesamte Körperhaltung

Gebärde des ganzen Körpers im Stehen, Sitzen, Liegen: – zum Partner – weg vom Partner	 Zuneigung Abneigung
Mischformen Z. B. Oberkörper zum Partner, Unterkörper weg vom Partner:	 gespielte Zuneigung
Z. B. Oberkörper weg vom Partner, Unterkörper zum Partner:	gespielte Abneigung

Kleine Anleitung zum Umgang mit der Körpersprache und anderen nonverbalen Zeichen

Das Grundprinzip der menschlichen Kommunikation heißt *Führen und Folgen.* Im alltäglichen Miteinander findet die gegenseitige Einflußnahme auf drei verschiedenen Ebenen (körperlich – seelisch – geistig) mittels verschiedener Zeichen und Zeichenqualitäten statt, um gegebenenfalls die Rollen bzw. die Führung zu tauschen.
In welcher *Beziehung* wir zueinander stehen – sie ist auf das engste mit der *Inhaltsebene* verbunden –, wird vor allem durch die nonverbalen Zeichen gesagt. Diese markieren die intersubjektiven Kontakte, bauen sie auf, qualifizieren sie positiv wie auch negativ oder zerstören sie. »Die nonverbalen Zeichen sind viermal so effektiv wie die verbalen« (ROGER MUCCHIELLI in »Kommunikation und Kommunikationsnetze«, 1974).
Die wichtigste Aktion im Wechselspiel von Führen und Folgen ist das *Feedback* (sinnlich wahrnehmbare Rückmeldung, z. B. durch Gestik oder Mimik). Es liefert den Anlaß zu Verständnis zwischen zwei Personen, ebenso zu Mißverständnis. Ein positives Feedback stärkt das Selbstbewußtsein und gibt ein Sicherheitsgefühl, indem es Vertrauen schafft. Dies erleichtert die Kom-

munikation, auch auf sprachlicher Ebene. Es wirkt stabilisierend auf die Beziehung und motiviert und intensiviert die Interaktion, den Zeichenaustausch, das eigene Verhalten.
Das individuelle *Verhalten* wiederum ist die ständige Anpassung und Reaktion auf ein entsprechendes Feedback. Im allgemeinen geht es dabei um ein ausgewogenes, d. h. situationsgemäßes Reagieren zwischen Verstehen und Nichtverstehen nach bestimmten Verhaltensmustern und Verhaltensregeln.

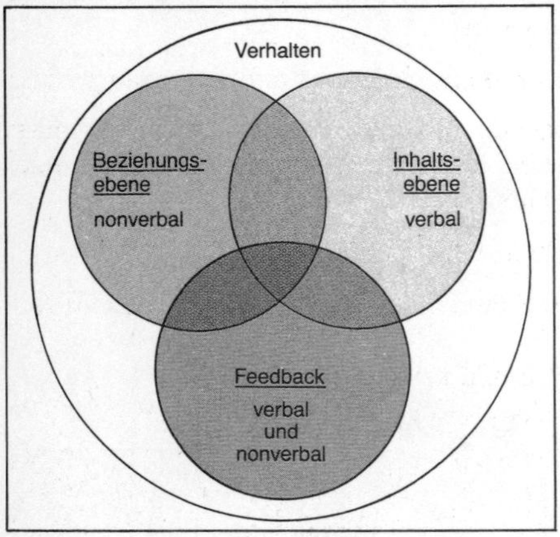

Unser Verhalten wird bestimmt durch drei Kommunikationsebenen.

Die Beziehungsebene

Die Beziehungsebene in einem Kommunikationsverlauf ist das spontane und damit ehrliche Zusammenwirken der verbalen und nonverbalen Zeichen. Sprachliche und nichtsprachliche Mitteilungen bekommen eine unterschiedliche Aussagekraft und Bedeutung, wenn die Übereinstimmung der verbalen und der nonverbalen Ebene gestört wird. Diese Störung kann sehr *bewußt* erfolgen (man kann sein Gegenüber allein durch Gestik/Mimik und Sprechtempo am Erwidern hindern),

- □ um persönliche oder gesellschaftliche Vorteile zu erringen,
- □ um sein Gegenüber zu beeindrucken oder zu verwirren, indem man mit Hilfe nichtsprachlicher Mittel über- oder untertreibt.

Viele Störungen sind jedoch *unbewußt* (ein Vortrag über »Sicherheitsmaßnahmen« wird durch viele »hms« und »ähs« zur Farce), und der jeweilige Sender wundert sich, weshalb seine Mitteilung nicht entsprechend gewürdigt wird. Der Grund hierfür kann daran liegen, daß beispielsweise das *Szenarium* die Worte nicht wirksam unterstützt:

- Eine Mutter, die in einer chaotischen Küche steht und ihr Kind auffordert, sein Zimmer aufzuräumen, wird kaum Erfolg haben mit ihrer Mahnung. Sie wird in diesem Moment nicht verstanden.

Es kann auch sein, daß die *Objektsprache* etwas anderes als das Wort aussagt, z. B.:

- Jemand kann schwerlich ein Vermögen vorgaukeln, indem er eine Luxuslimousine least, der Angebeteten jedoch in ungepflegter Kleidung oder gar mit schlechten Manieren gegenübertritt.

Die dritte Möglichkeit ist, daß die *Lautsprache* etwas anderes aussagt, z. B.:

- Ein Chef kann von seinen Angestellten nicht erwarten, daß sie den Kunden gegenüber stets zuvorkommend sind und lächeln, während er selbst immer schlecht gelaunt ist und herumschreit.

Die meisten Störungen werden jedoch selbst verursacht:

- Ein übermüdeter Autofahrer ist kaum in der Lage, die Verkehrsregeln richtig zu beachten.
- Falsche Ernährung verursacht Krankheiten.
- Ein betrunkener Hamlet macht das Drama zur Komödie.

Im Schattenspiel ist eine Beziehung, durch unterschiedliche Abstände zur Lichtquelle, auch optisch sehr gut darzustellen.

Störungen der Beziehungsebene, zu denen man selbst wenig oder gar keinen Anlaß gegeben hat, treten auf durch

- □ psychische Abweichungen von der Norm,
- □ physische Abweichungen von der Norm,
- □ kulturelle Abweichungen von der Norm,
- □ soziale Abweichungen von der Norm.

Die Norm ist Ausdruck des jeweiligen Mittelwerts von dem Verhalten jener Umgebung, in der man sich gerade befindet. Zum Beispiel lächelt ein Japaner, wenn er von seinem Vorgesetzten gerügt wird, um seine Verlegenheit zu zeigen. Im Westen würde dieses Verhalten als freche Erwiderung oder gar als geistige Störung ausgelegt werden.

Das Feedback

Ohne Feedback kann der Mensch nicht existieren, und er hat auch kaum die Möglichkeit, sich zu entwickeln. So leidet ein Kind ohne Zuwendung unter Hospitalismus (Entwicklungsstörung). Viele Menschen nehmen negativ reagierende Partner in Kauf, weil sie Angst vor einer möglichen Abweisung und dem Alleinsein haben. Zwar kann man sich mit einer Puppe, dem Auto oder gar einem Roboter »unterhalten«, doch sie erwidern keine Gefühle. Ein Mensch in Einzelhaft wird gemütskrank. Abgeschobene alte Menschen und unverschuldet allein lebende Menschen leiden ebenfalls unter Depressionen. Daraus wiederum resultieren Kontaktschwierigkeiten – ein Teufelskreis entsteht.

Die häufigsten Feedback-Erfahrungen erleben wir unbewußt und automatisch. Auf jede der in der vorangehenden Übersicht über die Deutung der Körpersprache genannten Bewegung reagieren wir positiv oder negativ. Damit geben wir unserem Gegenüber eine erkennbare Rückmeldung über dessen Verhalten und wie wir es empfinden. Unser Gesprächspartner kann sich also bewußt auf uns einstellen und gegebenenfalls sein Verhalten ändern. Das Feedback der anderen ist unser eigener Spiegel – oder wie es das Sprichwort sagt: »Wie man in den Wald hineinruft, so schallt es heraus.«

Bewußtes Feedback erlernen wir und setzen es als Instrument zum Führen und Folgen ein, indem wir die Reaktionen und Mitteilungen unseres Gegenübers erkennen und billigen oder mißbilligen. So äußern wir

- □ Bejahung und Bestätigung durch:
  - verbale Äußerungen wie Nachfragen etc.,
  - nonverbale Äußerungen wie Lächeln, Kopfnicken, Stirnrunzeln, Blicke, Berührungen etc.
- □ Verneinung und Mißbilligung durch:
  - Schweigen,
  - Wegsehen,
  - Kopfschütteln
  - oder gar Schläge etc.

Im Zweifelsfall suchen wir das Feedback durch die verbale oder stumme Frage: »Verstehst du mich?«
Das Feedback findet in allen Distanzbereichen statt, und auf allen Ebenen können wir lernen, die Rückmeldung zu verstehen und damit umzugehen. Je größer die Distanzzonen werden, um so schwieriger wird es, ein Feedback zu erhalten, geistig zu erfassen und darauf adäquat zu reagieren. Je größer die Distanz wird, um so klarer, deutlicher (nicht unbedingt lauter) und einfacher (nicht simpler) muß die Aussage werden.
Das Publikum gibt einem Schauspieler oder einem Redner durch Bewegungen und Geräusche zu erkennen, ob es der Mitteilung folgt, sie versteht oder in der Vorausahnung auf das, was gesagt werden wird, sogar eine Erkenntnis gewonnen hat. Kann die Zuhörerschaft nicht nur verstandesmäßig, sondern auch gefühlsmäßig einem Vortrag folgen, dann findet eine Synchronisation der Publikumsbewegung mit dem Vortrag statt. Gute Redner erzielen diesen Effekt auch mit dem schwierigsten Thema, weil sie es verstehen, die Beziehungsebene der nonverbalen Zeichen mit der Inhaltsebene des gesprochenen Wortes harmonisch zusammenwirken zu lassen.

Das Verhalten

Alles Vorhergenannte führt dazu, daß wir unsere Verhaltensweisen den anderen *anpassen.* Das geschieht, indem wir uns an die jeweiligen Spielregeln in der Form halten, daß wir sie kennen oder schnell erkennen. Diese Anpassungsvorgänge finden meist unbewußt statt. Deutlich wird ein solches Anpassen in Ausnahmesituationen, die eine spontane, ehrliche Körpersprache hervorrufen wie z. B. der Aufenthalt in einem Aufzug oder in einem überfüllten Bus.
Die nächste Stufe, auf einer durchaus bewußten Ebene, ist die verbale und nonverbale *Solidarität,* wie man sie unter Berufsgruppen findet (z. B. Lehrern, Ärzten, Polizisten) oder bei autoritären Personen oder Organisationen (z. B. Direktoren, Eltern oder Behörden). Eine solche Solidarität äußert sich dadurch, daß beispielsweise kaum ein Arzt vor seinem Patienten Kritik an einem Arztkollegen üben wird oder daß autoritäre Eltern vor ihren Kindern nur selten gegenseitige Gefühle zeigen. Hier findet die Zuwendung, positiv oder negativ, mit Zeitverzögerung hinter verschlossenen Türen statt. Nur für den aufmerksamen Beobachter werden versteckte körpersprachliche Rügen, Zärtlichkeiten o. ä. erkennbar.
Solidarisches Verhalten ist nicht zu verwechseln mit synchronem Verhalten, wie es an anderer Stelle bereits beschrieben wurde (s. Seite 86) und auch in dem folgenden Praxisteil mit den Spiegelbildübungen (s. Seite 126) wieder angesprochen wird. Gar nichts hat es mit widersprüchlichem Verhalten gemein, dessen Ursachen oft in Unsicherheiten zu suchen sind, ausgelöst durch Ängste und daraus resultierenden leicht vermeidbaren Reaktionsfehlern.

Decken Sie die obere und untere Bildhälfte nacheinander ab: Hier wird eine Beziehung unter dem Tisch »versteckt«.

Unsicherheiten und wie sie zu bewältigen sind

Viele Ängste und damit verbundene Unsicherheiten lassen sich abbauen bzw. vermeiden durch Kenntnis, vor allem durch Selbstkenntnis, wozu die nachfolgenden Übungen beitragen sollen. Durch das Wissen um die Zusammenhänge von Gestik, Mimik und dem gesprochenen Wort in einem bestimmten räumlichen, zeitlichen und energetischen Kontext kann man sich selbst auffällig oder unauffällig korrigieren, andere führen oder anderen folgen.
Es gibt Gewohnheiten, die einer gewissen Unsicherheit entspringen und denen es im Moment des bewußten Erkennens entgegenzusteuern gilt. Solche Gewohnheiten sind zum Beispiel:

- Sich stets in Türnähe aufhalten (Flucht) oder an der Wand entlanggehen (Schutz).
- Zu nah oder zu weit von anderen entfernt stehen.
- Zu große oder zu kleine Gesten machen.
- Sich die Lippen nagen.

- Sich ständig ins Gesicht fassen.
- Zu laut oder zu leise sprechen.
- Zu schnell oder zu langsam sprechen.
- Sich zu auffällig oder zu unauffällig kleiden.
- Farben und Objekte zu grell, zu trist oder in unverhältnismäßigen Größen einsetzen.

Sagt ein Lehrer zu seinen Schülern nach einer schwierigen Unterrichtsstunde, sie könnten jederzeit mit ihren Problemen und Fragen zu ihm kommen, er würde ihnen helfen und sei immer für sie da, und vergräbt er dabei seine Hände in den Hosentaschen oder verschränkt die Arme vor dem Körper, so bedeutet die nonverbale Aussage: verschlossen, unnahbar. Er wird wohl kaum damit rechnen können, daß sich die Schüler vertrauensvoll an ihn wenden. Wird sich dieser Lehrer in diesem Beispiel seiner Körpersprache bewußt und öffnet seine Arme und Hände in Richtung der Klasse, so wird ihm die verbale Aussage geglaubt. Dieselbe Körpersprache kann aber »professionell« eingesetzt auch eine Lüge sein, die der Schüler aber meist intuitiv wahrnimmt und entsprechend mit Zweifeln reagiert.
Ein anderes Beispiel: Ein introvertierter Mensch sitzt seinem Gesprächspartner mit ihm abgewandten, übereinandergeschlagenen Beinen gegenüber, die Hände sind zusammengepreßt oder liegen verkrampft auf den Stuhllehnen. Die nonverbale Aussage ist hier Unsicherheit. Erkennt er selbst jedoch diese Verhaltensweise und ändert entsprechend seine Haltung (er wendet seinen Körper der gegenübersitzenden Person zu, Arme und Hände sind locker und entspannt), kann das Gespräch einen völlig anderen Verlauf nehmen, als es sonst vielleicht geschehen wäre.
Über den Weg des Feedbacks – auch des Feedbacks, das man sich in einem solchen Moment selbst geben kann – ist man in der Lage, die Situation zu verändern. Dadurch, daß man sich selbst beeinflußt, beeinflußt man wiederum andere und steuert somit den Handlungsablauf.

Hilfestellung

- Beziehen Sie Standpunkte zur eigenen Person, sagen Sie: »Ich bin.«
- Nehmen Sie Personen und Situationen offen an, wie sie sind.
- Verallgemeinern Sie keine Situation(en) oder Person(en) wie: »*die* Jugendlichen, *die* Alten, *die* Frauen, *die* Männer, *die* Beziehungen, *die* Arbeit«.
- Vermeiden Sie Schemata durch Festlegungen von Vergleichen und Interpretationen.
- Seien Sie aufmerksam gegenüber sich selbst, anderen und Ihrer Umgebung.
- Entdecken Sie Widersprüche.
- Manipulieren Sie nicht.
- Seien Sie taktvoll, indem Sie Verhaltensweisen anderer entweder bewußt übersehen, diskret darauf hinweisen oder Hilfestellung geben.

- Seien Sie ehrlich, spontan, herzlich und deutlich in Ihren verbalen und nonverbalen Mitteilungen.
- Suchen Sie die Übereinstimmung von eigenem Denken, Fühlen, Handeln.
- Seien Sie entscheidungsfreudig durch selektives Bewußtsein, denn Sie können, aber müssen nicht auf alles reagieren oder handeln.
- Geben Sie sich und anderen Spielraum und Entfaltungsmöglichkeiten.

Je nach Situation kann diese Geste angemessen oder zu »groß«, d. h. übertrieben sein.

Praxisteil

Ziel der körpersprachlichen Übungen

Das Ziel aller folgenden Übungen ist, durch Bewegung zur Bewegung zu gelangen. Durch den Verlust von Selbst-Verständnis verlieren auch alle technischen Kommunikationsmittel an Wert, wenn der, der durch die Kommunikation lebt, sich selbst fremd wird. Nur jemand, der körperbewußt lebt, wird

Vom Leichten …

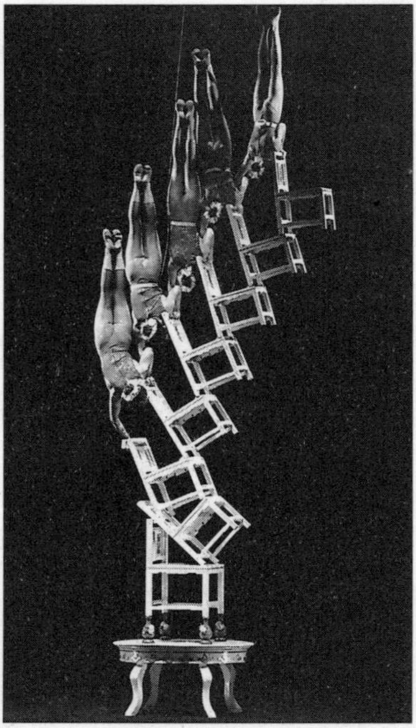

… zum Schweren.

mit seiner Umwelt einen sensibleren Kontakt haben. Um sich situativ bedingt angemessen ausdrücken zu können, müssen die körperlichen Funktionen kontinuierlich trainiert, erhalten und ausgebaut werden. Die Kommunikationsmaterie Körper paßt sich den jeweiligen Kommunikationsbedingungen an: Entweder die Zellen bauen sich durch Nichtinanspruchnahme von selbst ab oder sie werden durch Überbeanspruchung abgerieben und verschlissen. Dem vorzubeugen gelten die folgenden Übungen. Sie beziehen sich alle auf den vorangegangenen Text, damit Theorie, Praxis und der individuelle Ausdruck *sinnvoll* und *sinnlich* gestaltet und erlebt werden.

Übungen zum Abbau von körpersprachlichen Hemmungen

1. Fühlen Sie Ihre Lesehaltung: Welche Körperstellen berühren einen Gegenstand, ist der Körper aufrecht oder gekrümmt etc.?

2. Atmen Sie entspannt und gleichmäßig (ausatmen – Atempause – einatmen).

3. Atmen Sie stark ein und spannen Sie alle Muskeln an – dann laut ausatmen und den Körper gleichzeitig total entspannen. Machen Sie die Übung im Sitzen und im Stehen.

4. Welche Sinneseindrücke sind im Moment angenehm oder irritieren Sie?

5. Bauen Sie Nervosität und Übermotorik durch binnenkörperliches Training ab, sozusagen als Ersatz für das Kaugummikauen. Spielen Sie, ohne sich vom Platz zu bewegen, mit den einzelnen Muskeln, indem Sie sie anspannen und lockern. Finden Sie heraus, welche Muskeln sich derartig bewegen lassen, ohne daß diese Bewegung äußerlich besonders sichtbar wird.

6. Machen Sie eine Hand-, Gesichts- und Kopfmassage und spüren Sie die wohlige Entspannung ganz bewußt.

7. Trainieren Sie Ihre Gesichtsmuskulatur und bewegen Sie die Zunge stark im Mund und aus dem Mund heraus.

8. Erleben Sie die psychische Entspannung durch physische Entspannung:
   - □ Stützen Sie die Hände und Füße fest auf.

- □ Spannen Sie alle Ihre (über 500) Muskeln stark an.
- □ Zählen Sie in Gedanken langsam bis drei
- □ und lassen Sie mit einem lauten Ausatmen die Muskelspannung los.

9. □ Erleben Sie, wie eine Muskelkontraktion Ihres Gesichts Ihre seelische Stimmung verändern kann.
   □ Ziehen Sie Stirnpartie, Augenbrauen und Mundwinkel hoch und sprechen Sie mit dieser Mimik einen ernsten Satz – er wird kaum ernsthaft klingen!

10. Bewegen Sie im Stand alle Körperteile nacheinander, vom Kopf bis zu den Zehenspitzen.

11. Spannen Sie den Körper total an und versuchen Sie, so steif durch den Raum zu gehen. Entspannen Sie während des Gehens nacheinander langsam die Arme, die Beine, den Oberkörper.

12. Legen Sie sich auf den Boden und bewegen Sie zuerst synchron und dann asynchron einzeln die Arme und Beine zum Rhythmus Ihrer Atmung.

Übungen zum Wahrnehmen von Körpersprache

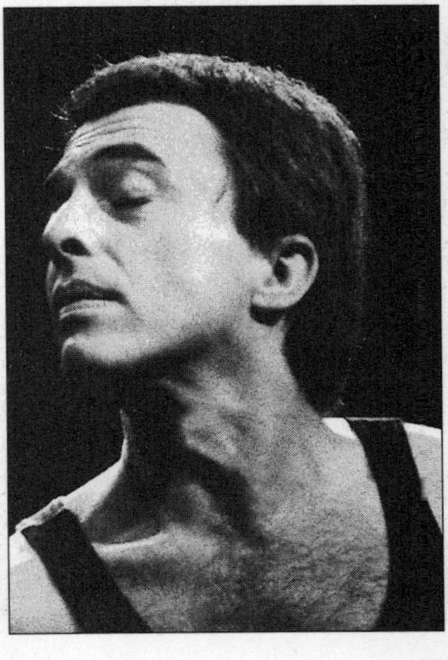

1. Trainieren Sie Ihre Ausdrucksfähigkeit durch Sinnesübungen:
   - □ Schließen Sie die Augen und erforschen Sie mit den Fingerspitzen Ihr eigenes Gesicht oder das des Partners.
   - □ Schließen Sie die Augen und zählen Sie, wie viele Geräusche Sie wahrnehmen.
   - □ Schließen Sie die Augen und spüren Sie mit der Zunge den Geschmack auf Ihren Lippen, und atmen Sie die Gerüche, die Sie umgeben.
   - □ Schauen Sie Ihren Partner oder Ihre Umgebung zehn Sekunden bewußt an. Schließen Sie die Augen und schildern Sie, woran Sie sich erinnern.

2. *Sendersuchspiel:*
   - □ Eine Person verläßt den Raum.
   - □ Die Gruppe vereinbart, wer Sender ist.
   - □ Der Sender sendet im langsamen Wechsel Bewegungszeichen, die die Gruppe möglichst unauffällig übernimmt.
   - □ Die Rateperson wird in den Raum gerufen und muß nun herausfinden, wer der Sender ist.

3. Zeichnen Sie mit geschlossenen Augen eine Figur.

4. Ertasten Sie mit geschlossenen Augen Gegenstände unter einem Tuch, benennen und beschreiben Sie sie.

5. **A** steht mit geschlossenen Augen, **B** berührt **A** mit sanftem Druck an verschiedenen Körperstellen.

6. *Magnetspiel:*
   - □ **A** berührt **B** an einer Körperstelle, läßt wieder los.
   - □ **B** folgt mit dem zuvor berührten Körperteil der Hand von **A**.

7. Gehen Sie mit geschlossenen Augen einem Geräusch nach. Erleben Sie hierbei das Orientierungsgefühl neu und verlassen Sie sich auf Ihr Gehör und Ihren Partner.

8. Lesen Sie zunächst etwas vor und wiederholen Sie dann den Text in freier Rede. Achten Sie auf die unterschiedliche Körpersprache.

9. Öffnen Sie fiktive Gefäße und »riechen« Sie daran – erleben Sie so das »Gedächtnis« Ihres Geruchssinns.

10. Trinken und essen Sie fiktiv Nahrungsmittel – das Wasser läuft Ihnen sicher im Munde zusammen!

11. *Übersetzungsspiel:*
    - □ **A** zeichnet mit den Armen Linien in die Luft.
    - □ **B** überträgt diese mit Schritten auf den Boden. Schauen Sie genau hin und »übersetzen« Sie präzise.

12. *Der tönende Kreis:* Eine Gruppe bildet einen Kreis, in dem sich eine oder zwei Personen mit geschlossenen Augen bewegen. Findet das Spiel mit einer Person statt, gibt der Kreis einen Summton von sich, sobald die Person aus der Mitte an den Rand des Kreises gerät. Sind zwei Spieler im Kreis, gibt die Gruppe ein zusätzliches akustisches Signal, sobald ein Zusammenstoß droht.

13. Spielen Sie alleine oder mit einem Partner eine Pantomime in einer bestimmten Stimmungslage (z. B. traurig), in der fiktiv alle Sinneswahrnehmungen angespielt werden. Zum Beispiel »hört« man ein Klingeln, öffnet eine Tür, erhält ein Paket, packt etwas Eßbares aus, das gut riecht, aber nicht schmeckt, wirft es wohin, wo es einen großen Fleck hinterläßt.

Übungen zum Kennenlernen von Körpersprache durch Imitation

1. *Spiegelbildbewegung:*
   - □ Berühren Sie Ihren Partner an den Fingerspitzen so, als würden Sie einen Spiegel berühren.
   - □ Bewegen Sie sich beide gleichmäßig am Platz und durch den Raum.

   Sie können die Übung mit und ohne Musik ausführen.

   Varianten:
   - □ Machen Sie die Übung mit geschlossenen Augen.
   - □ Machen Sie die Übung ohne Berührung.
   - □ Machen Sie die Übung Rücken an Rücken.

2. Imitieren Sie die Gesten Ihres Partners, vor allem die, die er unbewußt macht.

3. Wenn Sie eine Gruppe sind: Stellen Sie sich im Kreis auf, eine Person zieht eine Grimasse, diese »Maske« wird nacheinander im Kreis »weitergegeben«.

4. Spielen Sie eine Kettenpantomime. Sie funktioniert wie die »Stille Post«. Zwei Personen bleiben im Raum, die übrigen verlassen ihn. **A** spielt **B** eine kleine Pantomime vor. Dann wird die nächste Person hereingeholt und **B** spielt dieser Person *dieselbe* Szene vor usw.... Am Schluß ist sie oft nicht wiederzuerkennen...

Übungen zum Kennenlernen der Gestik

1. Interpretieren Sie diese Fotos und spielen Sie die von Ihnen »erdachten« Handlungen nach:

2. Beobachten Sie Gespräche, die wegen der Entfernung akustisch nicht zu verstehen sind, und versuchen Sie herauszufinden, in welcher Beziehung die Personen zueinander stehen und welchen Inhalt das Gespräch haben könnte.

3. Holen Sie durch Pantomime mimische Gesten in Ihr Bewußtsein. Stellen Sie sich vor und stellen Sie dar:
   - □ Türe öffnen.
   - □ Auto öffnen.
   - □ Zähne putzen.
   - □ Anziehen etc.

4. Spielen Sie Gesten aus beruflichen Bereichen, z. B. dirigieren, operieren, massieren etc.

5. Spielen Sie Eindeutigkeiten, Zweideutigkeiten, Anzüglichkeiten.

6. Spielen Sie Gesten, die Sie sonst eher unbewußt machen.

7. Machen Sie übertriebene Gesten, untertriebene Gesten.

8. Spielen Sie eine Szene im Sinne der »Glaubhaftigkeitsskala« von Desmond Morris.

9. Verstehen Sie diese symbolische Geste?

10. »Dirigieren« (leiten) Sie eine Person oder eine Gruppe nur mit Gesten durch den Raum. (Diese Übung ist eine gute »Gruppenleiterübung«, bei der es gilt, auch durch körperliche Präsenz zu überzeugen.)

11. Sammeln Sie symbolische Gesten. Entwickeln Sie selbst symbolische Gesten, indem Sie z. B. eine mimische Geste stark abstrahieren oder versuchen, eine Idee mittels eines Körperzeichens darzustellen.

12. Machen Sie Gesten zum Körper:
 - □ Schutzgesten,
 - □ Hygienegesten,
 - □ Intimgesten.

 Machen Sie Gesten weg vom Körper:
 - □ Abwehrgesten,
 - □ Zuneigungsgesten.

 Spielen Sie mit einem Partner:
 - □ Gesten-Dialog, z. B. Abwehr gegen Zuneigung etc.

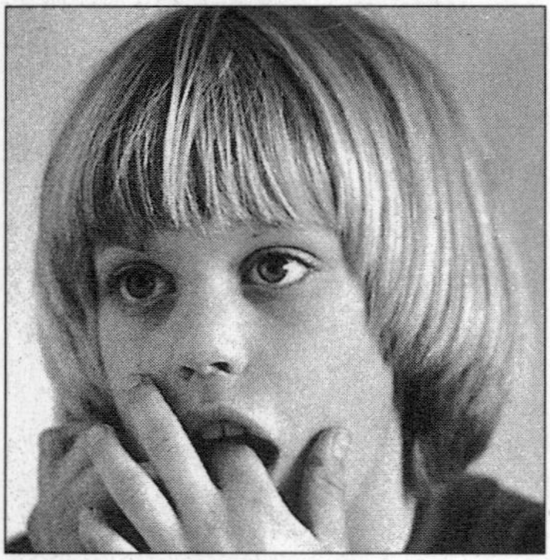

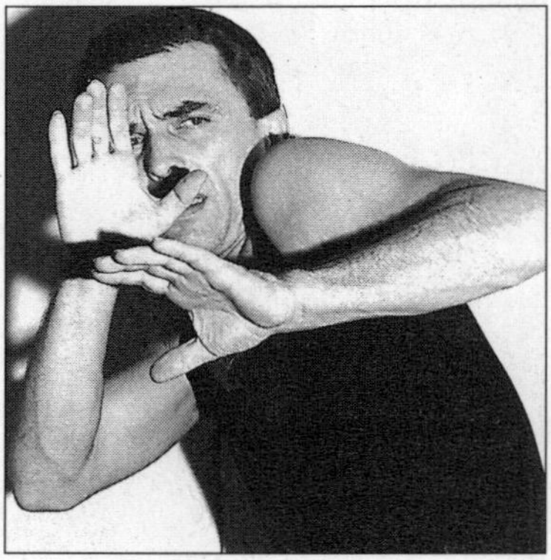

13. Führen Sie nur mit Stimmlauten und Gesten einen Dialog.

14. Führen Sie mit einem Partner ein verbales Interview und versuchen Sie, es nonverbal, pantomimisch weiterzugeben.

15. »Synchronisieren« Sie die Bewegungsabläufe eines Spielpartners mit übertriebenen Geräuschen. Beispiel: Der Partner macht eine Schneuzgeste, Sie blasen in die Tuba usw.

Bild rechts:
Begleiten Sie ausgefallene Bewegungen mit übertriebenen Geräuschen.

Übungen zur Bewußtmachung von »Rollen«

1. Stellen Sie sich vor den Spiegel und beschreiben Sie sich möglichst präzise.

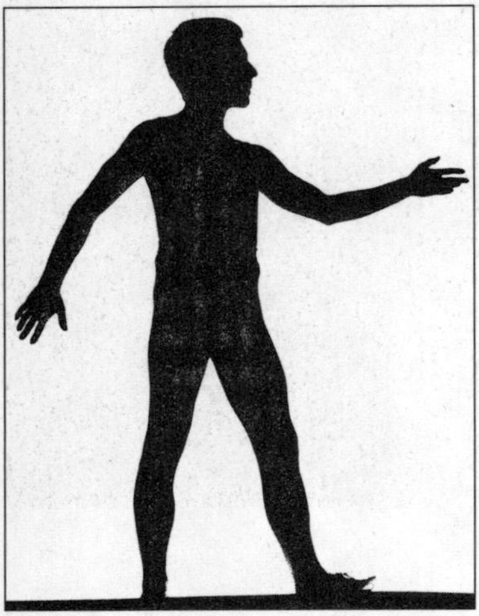

2. Stellen Sie sich vor eine Gruppe, machen *keine* Bewegung, sagen nichts, sondern lassen sich nur ca. 30 Sekunden lang anschauen. Wiederholen Sie die Übung und machen Sie dann *eine* bestimmte Geste.

Selbstdarstellung

3. »Synchronisieren« Sie andere durch Bewegung. Legen Sie eine Schallplatte auf und versetzen Sie sich in die Rolle der Sängerin, des Sängers, des Schauspielers, des Babys, des Hundes und was es sonst noch alles auf Schlager-, Opern- und Geräuschplatten gibt.

Synchronisationsspiel Operette

Synchronisationsspiel Show

4. Erfinden Sie ein Piktogramm (graphisches Symbol) für Ihren Beruf.

5. Spielen Sie den, der Sie sein möchten.

6. Spielen Sie den, der Sie nicht sein möchten.

7. *Rollenspielübung mit Partner:* Stellen Sie sich an einem Tisch gegenüber auf. Auf einer Tischseite liegt ein Zettel mit »Kunde«, auf der anderen mit »Verkäufer«. Tauschen Sie während des Rollenspiels langsam die Seiten und damit die Rollen. Erweitern Sie das Spiel mit anderen Rollen.

8. Spielen Sie mit stark übertriebenen Gesten (eventuell auch mit Worten) folgende Themen:

   - »Wie bin ich?«
   - »Wie möchte ich sein?«
   - »Wie möchte ich, daß andere mich sehen?«

   Übertreiben Sie dabei bewußt Ihre angeblichen »Schwächen« und »Stärken«. (Siehe auch Seite 68: »Techniken der Selbstdarstellung«.)

9. Spielen Sie alleine oder mit Partner nach dem folgenden Typenmodell. Es ergeben sich daraus unzählige Spiel- und Erfahrungsmöglichkeiten.

	Choleriker: leidenschaftlicher, reizbarer, jähzorniger Mensch	Sanguiniker: temperamentvoller, lebhafter Mensch	Melancholiker: schwermütiger, pessimistischer Mensch	Phlegmatiker: ruhiger, langsamer, schwerfälliger Mensch
Athlet: muskulös gebauter Mensch, Kraftmensch	weiblich, jung, männlich, alt	weiblich, jung, männlich, alt	weiblich, jung, männlich, alt	weiblich, jung, männlich, alt
Pykniker: Mensch von kräftigem, gedrungenem und zu Fettansatz neigendem Körperbau	weiblich, jung, männlich, alt	weiblich, jung, männlich, alt	weiblich, jung, männlich, alt	weiblich, jung, männlich, alt
Leptosome: Mensch mit schlankem, hagerem Körperbau und mageren Gliedmaßen	weiblich, jung, männlich, alt	weiblich, jung, männlich, alt	weiblich, jung, männlich, alt	weiblich, jung, männlich, alt

10. *Schminkübungen:* Schminken Sie sich und/oder Ihren Partner schön, häßlich, abstrakt, typisch. Übersetzen Sie Ihren Namen in ein symbolisches Bild.

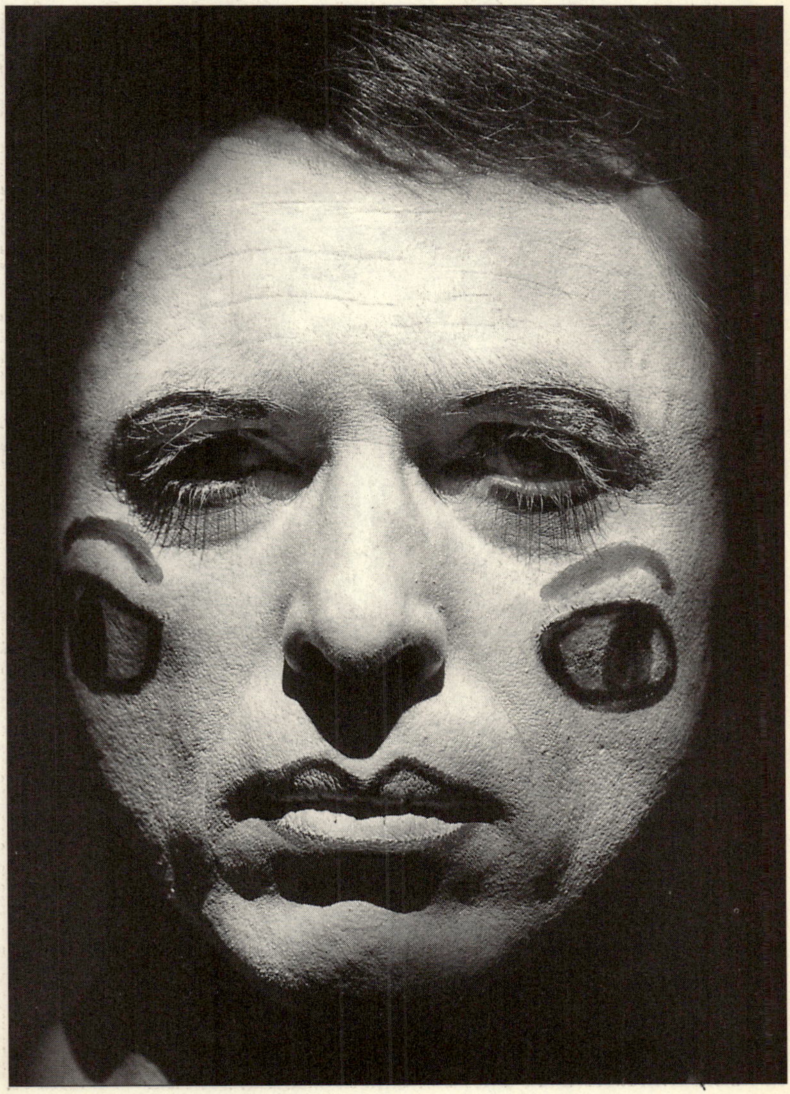

Übungen zur Raumerfahrung

1. Üben Sie weite und enge Gesten.

2. Spielen Sie »Raumverhalten«. Zum Beispiel stellen Sie sich vor, Sie seien
   - □ im Supermarkt,
   - □ im Museum,
   - □ in der Küche,
   - □ im Kleiderschrank,
   - □ am Strand,
   - □ im Raumschiff usw.

3. Probieren Sie alle Themen des Abschnitts »Raumsprache« (s. Seite 19f.): Raumdimensionen, -richtungen, -ebenen, -distanzen.

4. Kombinieren Sie die verschiedenen Themen, z.B. Richtungen mit den Ebenen, usw.

5. Gehen Sie mit einem Partner (oder alleine) ins Café und testen Sie die Distanzzonen.

6. *Partnerübung:* **A** und **B** fassen sich unterschiedlich an und verlagern den Schwerpunkt dermaßen, daß die Balance gehalten wird. Spüren Sie die Achse, die Gewichtsverteilung und die Körperbeziehung zum Raum.

7. *Gruppenübung:* Jemand liegt mit geschlossenen Augen auf dem Boden, die Gruppe trägt ihn in verschiedenen Positionen durch den Raum. Eine wunderbare neue und andersartige Raumerfahrung! Wichtig ist eine absolute Ruhe im Raum und eine starke Körperspannung des Getragenen.

Raumerfahrung tief und weit

Schwerpunktverlagerung

Übungen zum Zeitgefühl

1. Machen Sie mit jedem Atemzug eine Bewegung (während des Ausatmens und der Atempause die Bewegung anhalten).

2. Kombinieren Sie Ihre Körperbewegungen mit verschiedenen Atemrhythmen, z. B. mehrere Atemzüge mit nur einer Bewegung.

3. Bewegen Sie sich synchron zu Umweltgeräuschen. Erleben Sie dadurch eine neue und nicht gerade übliche Bewegungsharmonie.

4. Bewegen Sie sich zu Rhythmen von Musik.

5. Versuchen Sie, sich *gegen* einen ¼- oder ¾-Takt zu bewegen.

6. Spielen Sie einen alltäglichen Vorgang
   - □ extrem langsam,
   - □ abgehackt schnell,
   - □ normal,
   - □ in den Variationsmöglichkeiten des Abschnittes »Zeitsprache« (s. Seite 20 f.): verschiedene Tempi von langsam bis schnell, freie und gestaltete Rhythmen.

7. Lassen Sie sich von einem Partner einen Rhythmus auf den Rücken tippen und versuchen Sie, ihn nachzuklatschen oder nachzusingen.

8. Spielen Sie zunächst eine einfache stumme Szene (Pantomime), wiederholen Sie dann diese mit Musik und erleben Sie, wie sie sich unter dem musikalischen Einfluß in Tanz verwandelt.

Übungen zur Körperspannung

1. Probieren Sie die Antriebsaktionen des Abschnitts »Energiesprache« (s. Seite 22) einzeln aus.

2. Kombinieren Sie sie unterschiedlich, z. B. drücken und schweben.

3. Verändern Sie sie zeitlich, z. B. schnell drücken – langsam schweben; räumlich, z. B. eng – weit.

4. Machen Sie »normale« Gesten, mal sehr schwach und mal sehr stark.

Fühlen Sie, ob sie deutlicher oder undeutlicher werden. Machen Sie sie aber auch bewußt schwach *und* deutlich sowie stark *und* undeutlich

5. Führen Sie in Form eines Selbstgespräches nur die Bewegungen aus, die Sie sich vorsagen, und spüren Sie so, wie Ihre Gestik klar und deutlich wird, einhergehend mit einer gesteigerten Körperspannung, die aber unverkrampft ist.
   Wichtig: Setzen Sie, gleich den Satzzeichen, klare Bewegungsabsätze. Beenden Sie einen Bewegungsablauf deutlich oder stellen Sie fließende Bewegungsübergänge dar.

Übungen zur Bewegungsdramaturgie

1. Spielen Sie eine alltägliche Szene unter Einhaltung folgender Regeln:
   - □ *Anfang:* Emotionale Einstimmung, Gefühle äußern, Gefühle bestätigen.
   - □ *Höhepunkt:* Etwas beschließen.
   - □ *Schluß:* Deutlicher Abgang, Haltung bis zum Ende durchhalten, eine Schlußgeste oder Pointe setzen.

2. Kommentieren Sie diese Bilder und spielen Sie die von Ihnen »erdachten« Szenen nach:

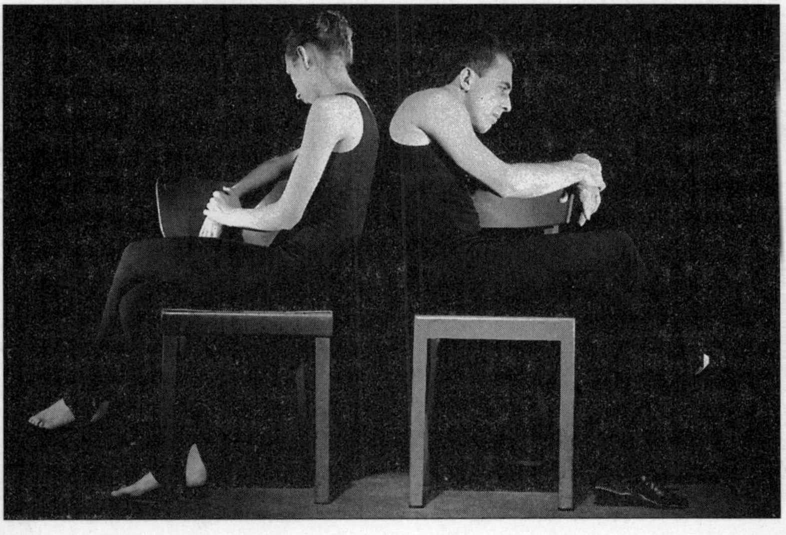

Übungen zur Bewegungskommunikation

1. Spielen Sie mit einem Partner folgende Themen:
   - □ Sich treffen – sich trennen,
   - □ Aktion – Reaktion

   mit den Merkmalen
   - □ positiv,
   - □ negativ,
   - □ flüchtig,
   - □ zögernd,
   - □ heftig u. a.

2. Spielen Sie mit einem Partner folgende Sequenzen:
   - □ **A** = uninteressiert,
B = sucht Kontakte.
   - □ **A** = abgeneigt,
B = übertrieben spontan.
   - □ **A + B** = sind sich sympathisch.
   - □ **A + B** = sind sich unsympathisch.
   - □ **A + B** = Sympathie in den Rollen: Chef, Angestellter.
   - □ **A + B** = Antipathie in den o. g. Rollen.

3. Gehen Sie aus zwei verschiedenen Raumrichtungen aufeinander zu und »sagen« Sie sich durch die Körpersprache folgendes:
   - □ Ich möchte mit dir sprechen.
   - □ Ich möchte nicht mit dir sprechen.

   Stellen Sie sich vor, Sie wären:
   - □ Fremde,
   - □ Bekannte,
   - □ Freunde,
   - □ Gegner oder Feinde.

Begegnung zweier Menschen mit zwei verschiedenen Aussagen:

»Ich möchte mit dir sprechen.«

»Ich möchte nicht mit dir sprechen.«

4. □ Analysieren Sie eine Handlung in Ihrer Nähe mit Hilfe des Gerbner-Modells (s. Seite 86).
   □ Schreiben Sie neben das Modell eine selbsterfundene Handlung und spielen Sie diese alleine oder mit Partnern durch.

5. *Metakommunikation:* Spielen Sie für sich oder mit einem Partner Situationen durch, in denen die Körpersprache etwas anderes sagt als das gesprochene Wort:
   □ Beginnen Sie mit einzelnen Wörtern und kontrapunktieren Sie sie mit einzelnen Posen.
   □ Bilden Sie Sätze und Bewegungsfolgen.
   □ Spielen Sie Szenen, z. B. eine Begrüßungsszene, ein Vorstellungsgespräch oder einen Vertreterbesuch usw. Machen Sie sich und Ihrem Partner mal richtig was vor.

6. *Gruppenkommunikation im Kreis-System (Bewegungsbeispiele):*
   Der Kreis ist seit Menschengedenken der beliebteste Gruppenkommunikationsrahmen. Jeder Treff, jeder Reigen, viele Volkstänze beginnen in Kreisform, weil diese Form einen harmonischen Informationsaustausch fördert. Beispiel: Sensomotorische Übung mit Musik (die Augen sind während der Übung geschlossen):

Kreisaufstellung mit entspannter Körperhaltung.

Mit Musikbeginn die Arme bis in Schulterhöhe langsam tastend ausbreiten (der Kreis schließt sich).

Schwerpunktverlagerungen nach rechts und links (Pendelbewegungen).

Die Beziehungen werden durch Mit- und Gegenbewegungen fühlbar. Durch den Raum tanzen und mit Musikende den Kreis auflösen, sich langsam auf den Boden legen und mit der Entspannungsphase die Augen öffnen.

7. Die Gruppe bildet einen »Handknoten« und tanzt miteinander durch den Raum. Der Führungswechsel, wer die Gruppe wohin führt, findet durch Blickkontakt statt.

Stilübungen zur Differenzierung der Körpersprache

1. Wählen Sie für die Handlung
   - □ einen Ort – z. B. Küche,
   - □ eine Zeit – z. B. morgens,
   - □ eine Person – z. B. er und sie,
   - □ ein Motiv – z. B. Frühstücken,

   und spielen Sie diese Szene
   - □ ausgelassen,
   - □ zögernd,
   - □ frech,
   - □ hilflos,
   - □ sehr langsam,
   - □ sehr schnell,
   - □ rückwärts,
   - □ gekünstelt,
   - □ ängstlich u. v. m.

   Spielen Sie die Szenen mit und ohne Sprache.

2. Schreiben Sie auf verschiedene Zettel einzelne Gegenstände, Personen, Stimmungen; mischen Sie die Zettel, ziehen und spielen Sie nach diesen zufälligen Konstellationen.

3. Spielen Sie mit unterschiedlichen Materialien und geben Sie jeder Szene, jedem Bewegungsablauf, bewußt eine un»normale« Wendung. Zum Beispiel kann ein einfaches Requisit wie ein Stuhl ein Thron, eine Toilette, ein elektrischer Stuhl, ein Berggipfel oder vieles mehr sein.

4. »Reisen« Sie pantomimisch vom Makrokosmos zum Mikrokosmos, indem Sie z. B. einen Riesen spielen, der mit der Weltkugel jongliert und der sich »verzaubern« kann, um so als Winzling durch das Körperinnere eines Menschen gehen zu können. Stellen Sie sich die Abenteuer im Magen vor, wenn gerade ein Schluck Bier ankommt...

5. Setzen Sie Sprichwörter wortwörtlich in Bewegung um, z. B.:
   - □ Rutsch mir den Buckel runter!
   - □ Jemanden an der Nase herumführen.
   - □ Ich hab' dich zum Fressen gern.
   - □ Jemand nach dem Munde reden.
   - □ Jemand ein Auge zuwerfen.
   - □ Jemand auf etwas festnageln.
   - □ Einen um die Ecke bringen.
   - □ Sich zusammenreißen.

Literatur

Körpersprache – Interaktion – Kommunikation

ARGYLE, MICHAEL/PETER TROWER: Signale von Mensch zu Mensch. Weinheim 1981
BONNAFONT, CLAUDE: Körpersprache. Genf 1977
BRINCKMANN, ANDREAS/UWE TREESS: Bewegungsspiele. Hamburg 1980
BUYTENDIJK, F. J. J.: Das Menschliche. Stuttgart 1958
BUYTENDIJK, F. J. J.: Allgemeine Theorie der menschlichen Haltung und Bewegung. Berlin 1972
CROPLEY, ARTHUR J.: Kreativität und Erziehung. München 1982
FAST, JULIUS: Körpersprache. Hamburg 1979
GOFFMANN, ERVING: Verhalten in sozialen Situationen. Gütersloh 1971
GOFFMANN, ERVING: Wir alle spielen Theater. München 1973.
GORDING, ELISABETH: Dramatisches Spiel. Velber 1971
HAVEN, HANS: Darstellendes Spiel. Düsseldorf 1970
JACOBS, DORE: Die Menschliche Bewegung. Kastellaun 1976
LINNEWEH, KLAUS: Kreatives Denken. Karlsruhe 1973
MOLCHO, SAMY: Körpersprache. München 1984
MORRIS, DESMOND: Der Mensch mit dem wir leben. München/Zürich 1978
MUCCHIELLI, ROGER: Kommunikation und Kommunikationsnetze. Salzburg 1974
NICKEL, HANS-WOLFGANG: Spiel – Theater – Interaktionspädagogik. Recklinghausen 1976
PLEYER, PETER: Informationen zur Massenkommunikationstheorie. Münster 1974
SCHERER, KLAUS R.: Vokale Kommunikation. Weinheim 1982
SOMPLATZKI, HERBERT: Körpertraining und Bewegungsgestaltung im darstellenden Spiel. Hilfen für Spielleiter. Recklinghausen 1976
WATZLAWICK, P./J. H. BEAVIN/D. D. JACKSON: Menschliche Kommunikation, Formen, Störungen, Paradoxien. Bern 1974
WILLIMCZIK, KLAUS/KLAUS ROTH: Bewegungslehre. Hamburg 1983

Pantomime

BERTELSMANN, KLAUS: Ausdrucksschulung. Stuttgart 1975
BERTSCHI, HANNES: Masken und Gesichter. Basel 1982
HAMBLIN, KAY: Pantomime. Soyen 1979

KEYSELL, PAT: Pantomime für Kinder. Ravensburg 1977
KRAMER, MICHAEL: Spielen ohne Worte. Gelnhausen 1982
MÜLLER, WERNER: Pantomime. München 1980
SIMON, K. G.: Pantomime. München 1960
SOUBEYRAN, JEAN: Die wortlose Sprache. Zürich 1984

Tanz

BRUNNER, INGE: Jazz Tanz. Hamburg 1978
DEHARDE, TAI: Tanzimprovisation. Stuttgart 1978
DELAKOVA, KATYA: Beweglichkeit. München 1984
FELDENKRAIS, MOSHÉ: Bewußtheit durch Bewegung. Frankfurt 1978
GÜNTHER, DOROTHEE: Der Tanz als Bewegungsphänomen. Hamburg 1962
HASELBACH, BARBARA: Tanzerziehung. Stuttgart 1971
HASELBACH, BARBARA: Improvisation, Tanz, Bewegung. Stuttgart 1976
HOFFMANN, KAYE: Tanz, Trance, Transformation. München 1984
KRAMER-LAUFF, DIETER: Tanzdidaktik. Schorndorf 1978
LABAN, RUDOLF V.: Der moderne Ausdruckstanz in der Erziehung. Wilhelmshaven 1981
MAHLER, MADELEINE: Kreativer Tanz für Schule und Studio. Gümlingen 1981
SORELL, WALTER: Aspekte des Tanzes. Wilhelmshaven 1983
VENT, HELMI/HELMA DREFKE: Gymnastik/Tanz. Düsseldorf 1982
WOOLLIAMS, ANNE: Ballettsaal. Stuttgart 1973

Medizin

PSCHYREMBEL, WILLIBALD: Klinisches Wörterbuch. Berlin/New York 1986

Psychologie

CLAUSS, GÜNTER: Wörterbuch der Psychologie. Köln 1976
HEHLMANN, WILHELM: Wörterbuch der Psychologie. Stuttgart 1968
LANDAU, ERIKA: Psychologie der Kreativität. München 1974
SCHRAML, WALTER/URS BAUMANN: Klinische Psychologie. Bern 1975
WAGNER, INGEBORG: Psychologie. Gütersloh 1983
WEBER, MAXIMILIAN: Grundfragen der Psychologie. München 1983